KB166737

종합연기의 창의성 계발 프로젝트

즉흥연기의 정석

종합 연기의 창의성 계발 프로젝트

즉흥연기의 정석

장두이 지음

엘엠스
북스

BOOKS

즉흥연기의 정석

초판 1쇄 발행 | 2017년 9월 15일

지은이 | 장두이
펴낸이 | 홍수경
펴낸곳 | 엠에스북스
출판등록 | 제2-4570호 (2007년 2월 26일)

주소 | 서울시 마포구 토정로 222, 한국출판콘텐츠센터 422호
전화 | 02) 334-9107
팩스 | 02) 334-9108
이메일 | bookmind@naver.com

ISBN 978-89-97101-08-5 03680

* 잘못 만들어진 책은 구입처에서 교환해 드립니다.
* 책값은 뒤표지에 표기되어 있습니다.

■ 본문에 제시한 작품들은 작가의 동의 없이 무단 복사나 공연을 절대 금합니다.

전인교육을 통한 글로벌 인재 양성 교육

우리 청소년들은 제도화된 교육의 틀 안에서 고통받고 있다. 자칫 그 것이 인권의 박탈이자 유린처럼 보이기도 한다. 교육의 진정한 의미가 자유인을 향한 지 · 덕 · 체의 온전한 구현이라면, 우리의 현 교육 환경은 감성, 지성, 인성, 창의성, 사람 간의 만남이 소중한 사회적 기술을 무시하고 외면한 오로지 입시 위주의 획일적이며 경쟁적 교육관으로만 일관하고 있다.

이것은 비단 일반적인 우리 청소년들의 문제뿐만 아니라, 함께 하는 예술을 지향하고 배우는 공연예술계에 종사하고 지망하는 이들도 포함되는 행태다. 이런 교육 아래 우리 청소년들은 진정으로 자신이 원하는 미래를 꿈조차 꾸지 못하고 방황하고 있다.

이렇게 열악한 우리의 교육 환경에 함께 하는 '놀이식 교육'은 분명 우리나라 청소년 교육에 있어 지금이라도 반드시 추진해야 하는 매우 중요한 사업이라고 생각한다.

지난 50여 년간 교육 일선에서는 물론 뉴욕, 파리, 베를린 등지에서 연극, 무용, 음악 분야의 공연예술을 일관되게 활동해 온 나는, 생애 마지막 족적을 남기며 후학들에게 나눠줄 수 있는 소명이라고 여겨, 연극이라는 종합 예술을 통한 창의성을 맘껏 발휘할 수 있는 즉흥연극 놀이의 교육적 실현을 위해 이 책을 출간케 되었다.

예술의 총체적 형태인 공연예술(연극, 음악, 무용, 회화적 활용). 상상력을 기반으로 하는 창의적인 공간을 넓혀가면서 감성과 인성, 지성 그리고 창의성을 두루 넓혀가는 그야말로 '전인교육'을 통한 미래의 글로벌 인재 양성 교육의 패러다임을 만드는 이러한 교육 방법은 특히 아동부터 고등학생에 이르기까지 우리 청소년들에겐 계속 진행해야 그 성과를 볼 수 있다고 생각한다.

더불어 이 책은 청소년은 물론 청소년 지도교사 그리고 일반 연극 단체들이 단순히 즉흥극 예술 놀이를 하는 것 외에, 학과목과 어떻게 연계해서 진행하며, 어떤 콘텐츠를 다루면 좋을까를 제시한 저술임을 밝힌다.

끝으로 이 책의 출간을 흔쾌히 허락해 주신 엠에스북스 이영기 대표님 이하 직원분들과 늘 곁에서 놀이에 대한 조언을 아끼지 않으시는 '청소년과 놀이문화연구소' 전국재 소장님, 그리고 아내 신수정에게 진심으로 고마움을 전한다.

2017년 1월
대한민국 북한산 자락에서
장두이

■ 창의적 즉흥연기 놀이의 제언

1. 연기는 감성, 인성, 지성, 영혼을 모두 합성하는 매우 종합적이며 총체적인, 몸과 영혼이 결합된 인간의 고양된 표현기술이다. 즉흥 효과를 창출할 수 없으면 살아있는 연기가 나올 수 없다. 그러므로 이런 실습은 가장 직접으로 모든 것을 결집시키는 교육 가치가 크다 하겠다.
2. 이러한 놀이를 통해 다른 사람들과 소통하는 사회성을 넓힐 수 있고, 동시에 자신이 하는 연기의 표현이 얼마나 객관성을 띠고 있는지 측정할 수 있다.
3. 그러면서 이런 놀이들을 통해서 테라피(예술 치료) 효과도 더불어 거둘 수 있다.
4. 어른뿐 아니라 청소년들의 표현에 있어 훨씬 세련된 바탕을 만들고 생각할 여지를 만들어 줄 수 있다.
5. 이러한 놀이를 통해 사회적 소통 기술을 공유할 수 있다.
6. 예술이 다분히 추상적이거나 상징적인 과정일 수 있는데, 지도자나 지도교사는 더욱 구체적이며 긍정적인 가이드라인을 제시해 줘야 한다.
7. 지도자나 지도교사가 반드시 예술적인 훈련 경험이나 소양을 가져야 할 필요는 없다.
8. 여기 수록된 모든 놀이는 여타의 일반 놀이처럼, 개인이 할 수 있는 놀이에서부터 2인 혹은 3인 이상의 그룹이 할 수 있는 놀이로 적용할 수 있다.

9. 모든 놀이는 우선 스토리 구성이 제일 먼저 선행돼야 한다. 스토리를 구성하고 연기를 할 때 알아둬야 할 다음 사항을 반드시 인지하도록 한다.

(1) 누군가?
(2) 언제 일어나나?
(3) 어디서 일어나나?
(4) 무엇이 문제인가?
(5) 왜? 이유가 무엇인가?
(6) 어떻게 할 것인가?

이상의 원칙은 모든 연기에 적용해야 한다.

■ 즉흥연기 놀이의 법칙과 준비 사항

1. 우리나라의 전통 연극은 모두 '놀이'였다. 양주별산대놀이, 송파별산 대놀이, 고성오광대놀이 등등. 그러므로 놀이는 곧 연극이요, 연기의 모든 것이었다.
2. 우선 이 놀이를 하기 전에 놀이 방법을 참가하는 청소년들에게 이해 시킨다.
3. 규정된 대화 이외엔 절대 잡담을 금한다.
4. 모든 공연예술의 첫 번째가 '집중'이듯이 참가하는 청소년들이 집중 하게 만들어야 한다.
5. 놀이가 끝난 뒤에는 반드시 지도자나 지도교사 입장에서 제언이나 코 멘트를 해서 청소년들이 생각할 수 있는 기회를 줘야 한다.
6. 지도자나 지도교사는 놀이에 대해 잘잘못은 없고, 단지 차별성과 나름 의 독창성, 개별적인 가치를 칭찬하고 장려해 줘야 한다.
7. 경우에 따라서는 영상 촬영을 해서 리뷰를 통해, 학생들 스스로 자신 들의 창의적 행동을 관찰하고 자체 평가할 수 있게 하는 방법도 좋다.
8. 본 놀이는 공연예술 놀이 과정에서 상상력과 창의성을 맘껏 계발하게 하는데 그 목표를 둬야 한다.
9. 공연예술이 갖는 종합성을 최대한 살린다. 즉 대본 만들기(문학성), 연기(표현), 움직임(무용), 음악, 소도구, 대도구(미술/공예) 등의 창 조가 매우 중요한 과정과 결과여야 한다.
10. 개인과 그룹별로 하는 발표 과정에서 보는 이들에게 소통과 교류가 원만하게 이뤄지도록 주지시키며, 표현이 주관적이 아닌 객관성을

띠어야 한다는 점을 알려준다.

11. 발표는 가능하면 10분을 넘지 않게 하고, 즉흥성을 많이 부여해서, 청소년들이나 참가자들이 창의성을 많이 발휘하도록 해야 한다.

12. 필요한 소도구(칼, 꽃, 거울, 손수건, 인형, 장난감 등)는 직접 만들게 하는 것이 좋다.

13. 음악은 공연예술의 특성상, 라이브로 연주하면 더욱 효과가 좋다.

14. 본 놀이는 유아에서부터 성인에 이르기까지 다양한 연령대에 적용하고 활용할 수 있다.

15. 이러한 놀이를 교육 차원에서 역사, 과학, 도덕 등 교과목과 연관되게 수업시간에 적용하면 더욱 학습 효과가 증대할 것이다.

16. 놀이는 말 그대로 재미있어야 하고, 더불어 청소년들이나 참가자들 스스로에게 자신을 되돌아 볼 수 있는 계기와 자아 확인의 기회가 되어야 한다.

2장 즉흥연기 놀이 68가지

즉흥연기 놀이의 효과 · 79
◇ 실습의 원칙 ◇ · 83

3장 연극 놀이 공연의 예

1장

함께 하는
창의적
즉흥극 놀이

놀이 1 조각 만들기

목표 : 그룹이 모여서 하는 실습이지만, 개인 창조와 그룹 참가자들의
유기적인 연결로 과정과 결과를 이루게 한다. 개인적으로 만든
신체 조각이 다른 사람들과 연관되어 결국 하나의 이야기나 특
별 상황으로 발전되게 한다.

실습의 테마를 지도자나 지도교사가 정해 주면 더욱 좋다. 역
사 시간을 이용해 역사적 인물들의 모습을 상상하고 그리며 실
습을 해도 좋다.

(예 : 친구 이야기, 애완동물 이야기, 등굣길에 본 이야기, 나폴
레옹, 알렉산더 대왕 등)

실습

1. 참가자가 많으면 여러 그룹으로 나누어도 좋다. 원으로 둘러서서
한 사람씩 지도자나 지도교사가 제시한 테마의 이야기를 몸으로
조각을 만들게 한다. 그리고 옆 사람에게 전달하게 한다. 전달받
은 사람은 방금 전에 보여준 조각부터 시작해서 자신의 표현을 조
각하고, 또 옆 사람에게 전달한다. 이렇게 하면 그룹의 맨 마지막
사람은 수십 개의 몸 조각을 통해 이야기가 만들어진다.

2. 조각을 하면서 그 조각의 의미를 한 단어로 축약해서 옆 사람
에게 전달해도 좋다. 즉 조각 만들기와 동시에 단어 이어붙이
기가 된다.

3. 추상적 움직임보다는 스토리에 맞게 구체적 조각 만들기가 더 좋

다고 참가자들에게 인지시키는 게 좋다.

4. 지도교사나 참가자 중의 한 사람, 아니면 뮤지션이 타악기로 단순한 리듬을 연주하면서 실습을 하면 더욱 좋다.

관찰 포인트

1. 참가한 청소년들이 몸 조각과 스토리를 잘 연관시키고 있는지?
2. 타악기 연주를 잘 들으며 하고 있는지?
3. 집중력을 잘 발휘하고 있는지?
4. 조각과 스토리 라인에 대한 애정을 얼마나 가지고 있으며 진정성있게 하고 있는지?

놀이 2) 아트

목표 : 종이에 그림 그리기를 통한 상상력 표현하기와 그린 것에 대한 이야기 구성으로, 개인이 아닌 다른 사람들과 나누고 공유하는 기회를 만든다.

실습

1. 그림에 대한 주제를 준다 (자신이 좋아하는 사람 그리기, 자신이 좋아하는 동물 그리기 등).
2. 그룹에 커다란 종이 한 장과 색연필을 주고 그리게 한다.
3. 지도자나 지도교사가 선정한 배경음악을 틀어주거나 아니면 뮤지션이 직접 즉흥연주를 해 주면 더욱 좋다.

4. 참가자들이 다 그린 다음, 그룹별로 스토리 라인을 짜게 한다 (스토리 라인은 이야기의 시작 - 중간 - 결말을 맺게 하는 것도 좋다).

놀이 3 특별한 메시지

목표 : 상상 속의 동물을 상대로 특별한 메시지를 주며 서로 교류하는 실습으로, 상상력과 더불어 그 특별한 동물과 특별한 메시지를 소통하는 매우 특별하고 진실한 실습이다.

실습

1. 그룹마다 하나의 동물을 정하게 한다 (고양이, 강아지, 새, 낙타, 기린, 호랑이, 사자 등).
2. 특별한 메시지를 정하게 한다.
3. 말로 안 통한다고 생각하면, 그 특정한 동물과 다른 교류 방법을 생각하게 한다.
4. 메시지는 짧은 단어면 더 좋다.

5. 메시지가 매우 단순명료한 것을 선택하게 해야 소통하는 표현이 구체적이 된다.
6. 그룹이 동물에게 어떻게 메시지를 전달할 것인지 따로 연습하게 한다.
7. 처음엔 모두 눈을 감게 해서 소통하는 방법을 상상하게 한다. 이때 지도자가 준비해 온 음악을 듣게 해도 좋다.

관찰 포인트
1. 메시지를 동물에게 전달할 때, 소통 방법이 매우 창의적인지?
2. 특정한 동물에 대한 성질, 기질의 파악과 그 접근하는 방법에 있어 효과적으로 하고 있는지?
3. 그룹이 메시지를 전달함에 있어 서로간에 얼마나 유기적으로 협조하고 있는지?

놀이 4 가족 만들기

목표 : 그룹이 즉석에서 가족이 되게 하는 놀이로, 중요한 것은 가족들이 특정한 일을 하면서 벌어지는 이야기의 구성과 즉흥으로 만들어 나가는 연기다.

실습
1. 일가족이 될 수 있게 소그룹으로 나눈다 (할아버지, 할머니, 아버지, 어머니, 아들, 딸, 숙모, 숙부, 삼촌, 이모 등).

2. 이 실습 역시 지도교사가 테마를 정해 주는 것이 더 좋을 수 있다 (가족이 외국 여행을 가는데 있어서의 관광지, 음식, 교통편 등에 대한 의견 / 가족 중에 한 명이 지독한 독감이 걸렸을 때의 반응과 이야기 / 가까운 친척 병문안 가는 일 / 집에서 기르는 고양이가 새끼를 여섯 마리 낳았다 등등).
3. 충분히 준비할 시간을 주고 바로 즉흥연기를 하게 한다. 그리고 반드시 '시작 - 중간 - 결말'을 짓게 한다.
4. 자칫 장난스럽지 않게, 진솔하게 하도록 지도자나 지도교사는 최대한 분위기를 조성해 주고 환경을 만들어 준다.

관찰 포인트
1. 각자 맡은 역할을 충실히 믿음성 있게 연기하고 있는지?
2. 문제 발생부터 해결까지의 과정을 잘 이어주고 서로 배려하며 진행하고 있는지?
3. 스토리 구성에 있어 창의성이 얼마나 있는지?

놀이 5 흉내 내기

목표 : 그룹의 한 사람이 동물이든, 꽃이든, 물고기든 뭔가 특정한 행위의 흉내를 내면, 다음 사람이 그것을 흉내 내고 이어서 자신이 그 다음 이야기나 상황으로 만들어 다음 사람을 지정해서 패스하는 식으로 흉내 내는 것을 다양한 모양으로 발전시킨다.

실습

1. 단순한 동작으로 한 개나 두 개 정도 표현하게 한다.

2. 동작 흉내가 스토리나 상황을 연상케 해야 한다.

3. 그룹이 어떻게 이어서 발전시키는가를 중요하게 인식시킨다.

4. 배경음악이나 노래를 부르면서 발전시키게 하는 것도 좋다,

5. 동영상을 촬영해서 함께 보며, 잘하는지 잘 못하는지가 아닌, 진행 과정을 다시 보며 생각해 보는 시간을 갖게 하는 것도 좋다.

관찰 포인트

1. 정말 잘 생각하고 관찰해서 흉내 내고 있는지?

2. 노래를 부르며 할 경우, 스토리의 전개에 맞게 감성적으로 잘 부르며 하고 있는지?

3. 그룹이 다 마칠 때 어떤 스토리 라인이 만들어졌는지? 그리고 애초에 계획한 대로 진행되었는지?

놀이 6 노래 찾기

목표 : 적어도 세 그룹으로 나누어 각 그룹이 노래를 부르면서 다음 그룹에게 넘겨주는 식의 릴레이 노래 부르기 실습으로, 지도자나 지도교사가 노래의 카테고리를 정해 주는 것이 좋다 (동요, 가스펠, 민요, 가요 등).

노래를 부르면서 노래에 맞춰 박수를 치게 해서 리듬감을 공유하게 하는 것이 좋다. 지도교사가 일정하게 그룹별로 진행하지

말고, 갑자기 그룹을 지정해서 깜짝 이어지기 식으로 진행하는 것이 순발력이나 기억 되살리기, 또한 새로운 변화에 적응하게 만들기에 좋다. 거의 게임식 운용이 좋다.

실습

1. 그룹에서 그룹으로 노래를 이어받을 때 3초 이상 지연되지 않게 룰을 정한다.
2. 노래 중간에 그룹을 바꾸게 할 수도 있다.
3. 노래에 맞는 율동도 다 만들게 한다.
4. 노래 가사가 생각이 안 날 수도 있기 때문에 지도교사가 특정 노래 20여 곡을 미리 준비해서, 노랫말 가사가 적힌 커다란 종이를 보여주며 실습을 할 수도 있다.
5. 20여 곡의 노래를 다시 반복하게 할 수도 있다.

관찰 포인트

1. 그룹 합창이 유니슨으로 잘 부르고 있는지?
2. 리듬감을 얼마나 개인적으로 잘 타고 있는지?
3. 율동이 잘 되고 있는지?
4. 가사를 잘 음미하고 있는지?

놀이 7 춤을 추어요

목표 : 우리 청소년들이 매우 부족한 신체 표현을 감성이 느끼는 대로

움직이게 한다.

단, 그냥 움직이는 무브먼트라기보다는 움직임이 스토리가 있는 액션에 도달하게 하는데 초점을 맞춘다. 즉 움직임 속에 살아있는 스토리가 담겨 있으면 좋다.

(예 : 사랑하는 사람 앞에서 구애의 춤을 춘다. 출렁이는 바닷가에서 날아가는 물새를 보고 춤을 춘다. 음악의 가사 내용이나 음악에 맞게 충실하게 춤을 춘다 등)

실습

1. 지도교사가 준비한 음악을 틀어주고 즉흥 댄스의 의미를 설명한 후 추게 한다. 처음엔 쑥스러워 안 할 수도 있다. 그러나 모든 그룹이 한꺼번에 추게 한다든지, 조명을 좀 어둡게 하는 방법을 동원할 수 있다.

2. 처음엔 눈을 감고 상상 속의 움직임을 체현하게 유도한다.

3. 커플로 짝을 지어 서로 대화하는 방식으로 움직임을 시도하게 할 수 있다.

4. 정해진 음악의 가사 내용이나 메시지를 알려주고 그 음악에 충실하게 움직임을 만들게 유도한다 (백조의 호수 같은 스토리가 있는 음악극 발레를 설명해 주는 것도 도움이 될 수 있다).

5. 결코 직업 댄서처럼 추지 않아도 된다고 인식시킬 필요가 있다.

6. 잠재의식 속에 숨어있는 율동이 나오도록 유도하는 게 좋다.

7. 경우에 따라 조명의 도움을 받을 수 있으면 그러한 환경 조성(극장, 공연장 등)이 도움이 될 수 있다.

놀이 8 1분 동안 말하기

목표 : 1분 동안 그룹에 속한 각 개인이 자신이 상상해 지어낸 이야기(역사적 사실에 근거한 이야기도 좋음)를 하는 스토리텔링으로 지도교사가 주제나 소재를 정해 주는 것도 좋다.

(예 : 친구, 우리 엄마, 어젯밤 꿈, 애완견, 여행담, 이순신, 신사임당, 장영실, 안중근, 유관순 등. 역사 시간에 실행하는 것도 좋음.)

우선 이야기를 구성할 시간을 정해 주고, 그룹이 돌아가면서 이야기를 하는데, 각 개인의 창의력과 상상력을 통한 정체성을 엿볼 수 있다.

실습

1. 10분간 각 개인이 주어진 주제에 맞는 이야기를 구성하게 시간

을 준다.

2. 이야기 방식은 그룹의 다른 참가자 모두에게 자연스러우며 진실 감 있게 이야기를 전달하는 것으로 한다 (지도교사는 정확히 1분을 체크한다).

3. 주제에 맞는 음악을 지도교사가 준비해서 이야기할 때 배경음악으로 틀어준다.

4. 이야기에 필요한 소품이나 의상을 준비하는 것도 좋다 (치마저고리, 바지저고리, 갓, 담뱃대, 부채, 방울, 꽃, 손수건, 거울 등).

5. 이야기가 완성되면 이번엔 음악에 맞춰 움직이면서 이야기를 표현하게 한다.

6. 정해진 스토리를 말없이 오로지 동작만으로 표현하게 해 본다 (음악이 있어도 좋고, 없어도 좋다).

관찰 포인트

1. 이야기의 구성이 '시작 – 중간 – 끝'이 있는지?
2. 이야기할 때, 진실성과 진정성이 있는지?
3. 음악을 잘 들으며, 신체 표현과 잘 유기적으로 표현하고 있는지?
4. 말없이 동작만으로 표현할 때, 신체 표현이 잘 되고 있는지?
5. 역사적 인물을 이야기할 때, 역사적 사실이나 고증이 잘 나타나고 있는지?

놀이 9 그림 앞에서

목표 : 지도교사가 선정한 그림(실제 그림을 구하기 어려우면 유명 화
가의 그림을 실사로 복사해서 사용해도 좋음)을 그룹에게 보여
주고, 그림 속에 담겨진 내용을 상상으로 추출하게 해서 이야
기나 움직임으로 표현하게 한다. 이러한 반응과 표현하는 과정
을 통해 청소년들의 상상력과 창의성의 넓이와 깊이를 계발시
킬 수 있다.

실습

1. 그림을 보고 짧아도 좋으니 스토리를 만들게 한다.
2. 그림을 보고 생각나는 음악이 있는지 찾아보게 하거나 만들어
   본다.
3. 그림을 보고 생각나는 움직임을 실제로 표현하도록 한다.
4. 스토리, 음악, 율동을 한꺼번에 종합적으로 표현케 한다 (짧은 퍼
   포먼스로 발전될 수 있다).
5. 그림과 연관된 소품을 사용해도 좋다 (책, 꽃, 안경, 연필, 풍선,
   인형, 스카프 등).

관찰 포인트

1. 스토리 구성이 그림과 어떤 연관이 있는지?
2. 음악과 그림의 조화나 톤이 어느 정도 맞는지?
3. 움직임이 그림의 스토리에 얼마나 적합한지?
   (경우에 따라서 추상적 움직임일 경우, 참가자를 통해 그 연관성
   을 자세히 들어보도록 한다.)

놀이 10 나의 어린 시절

목표 : 각 개인이 자신의 어린 시절을 회상하며 3분 내에 이야기 하고 (스토리텔링) 릴레이 식으로 옆 사람에게 넘기는 방식이다. 이 놀이를 통해 이야기 구성과 다른 사람이 잘 알아듣도록 말하고 표현하는지 등의 창의성을 엿보고 계발시킬 수 있다. 지도자나 지도교사가 특정한 이야기 소재를 주는 것도 효과적일 수 있다. (예 : 자신이 정말 자랑스러웠던 이야기, 정말 무서웠던 이야기, 최고로 재미있었던 이야기, 제일 친했던 친구 이야기, 가장 외로움을 느꼈던 이야기 등)

실습

1. 3분간의 제한된 시간 내에 이야기의 하이라이트와 마무리, 결론을 잘 짓도록 한다.
2. 정말 실감나게, 재미있게, 듣는 이로 하여금 상상이 되도록 이야기하고 표현하게 한다.
3. 특히 하이라이트 부분은 세밀하고 뛰어난 이야기와 표현의 묘사로 듣는 이들에게 공감이 가도록 주위를 환기시킨다.
4. 이야기 구성 능력을 생각하게 한다.
5. 인형 놀이로 하게 해서 이야기속 인물들을 종이에 그리게 한 뒤 소개하면서 말하게 해도 좋다.
6. 동요를 선택해서 나머지 그룹들이 배경음악처럼 부르게 하고 이야기를 해도 좋다.

놀이 11 좋은 집

목표 : 참가자들이 생각하는 가장 좋은 '이상향의 집'을 설명함으로서,
실제 몸으로 표현해 보여주면서 상상력과 감성 그리고 창의성
을 보여준다.

실습

1. 우선 종이에 자기가 생각하는 '이상향의 집'을 그려보게 한다 (그
룹 전체가 의논해서 하나의 집을 완성해도 좋다).
2. 일단 집을 그린 다음, 집의 분위기에 맞는 음악을 골라본다.
3. 집을 보여주며 집의 거실, 방, 부엌, 창고, 지하실 등을 신체의 움
직임만으로 표현해 본다 (장소마다 걸음걸이 등이 다를 수 있다).
4. 집 구석구석을 왜 이상적이라고 생각하는지 설명하게 한다.
5. 각 방에 얽힌 스토리를 만들게 한다.

관찰 포인트

1. 개인이나 그룹이 그린, 집 그림들을 모두 붙여 놓고 보면서, 창의
적인 면이나 개인적 정체성을 가진 취향이 얼마나 잘 드러나는지?

2. 집 안에서의 움직임 표현이 얼마나 잘 이상적으로 맞아떨어지는지?

3. 각 방에 얽힌 이야기가 얼마나 방 분위기와 잘 맞고 창의적인지?

놀이 12 우주를 걷다

목표 : 우주의 어느 혹성에 도달했다고 상상한다. (화성, 목성, 천왕성
등) 해당 혹성에 발을 들여놓고 걸을 때의 그 특별한 감정, 정
서와 그 혹성의 기후 상태, 표면 등을 지구에 있는 가족이나 친
구와 통신하는 내용으로, 상상력과 동시에 창의성을 펼쳐 보이
게 한다. 특히 이 놀이는 과학 시간이나 천체 우주학 시간 등에
활용해도 좋다.

실습

1. 우주의 느낌을 경이롭게 몸으로 반응하며, 그 순간순간을 지구
와 통신한다.

2. 지구와는 전혀 다른, 몸에 와닿는 오감으로 느끼는 몸의 반응을
표현해 본다.

3. 이 놀이에 맞는 음악을 찾아보거나, 만들어 보거나, 즉흥으로 노
래를 만들어 불러본다 (청소년들이 너무 어리면 지도교사나 지
도자가 음악을 준비해 오는 것도 좋다).

4. 특히 오감의 감각적 반응을 매우 세밀하게 상상하여 몸으로 표
현케한다.

5. 혹성의 모습을 그림으로 그려보게 한다.

놀이 13 거울 속 흉내 내기

목표 : 그룹 가운데 리더를 정하고, 그가 움직이면 다른 모든 참가자가 마치 자기 앞의 거울을 보듯이 모두 똑같이 따라 하는 놀이다. 리더는 천천히 움직여서 다른 참가자가 따라 하게끔 계속 자세를 바꿔가며 하는데, 이 놀이를 통해 참가자들의 관찰력과 리더의 창의성을 계발할 수 있다. 이때 리더는 가능하면 스토리가 있는 일상적 움직임으로 하면 더욱 좋고, 경우에 따라선 추상적인 움직임으로 해도 좋다. 또한, 특정한 캐릭터(사람, 동물 등)가 되어 말까지 곁들여서 해도 좋다.

실습

1. 두 명이 짝을 지어 마주보고 해도 좋고, 그룹이 한 사람의 리더를 정해 모두 따라 해도 좋다.

2. 5~7분 이내로 하고 리더를 바꿔가며 한다.

3. 말없이 하거나 즉흥으로 말을 넣어가며 해도 좋다.

4. 특정한 노래를 부르며 이 놀이를 해도 좋다.

5. 특정 캐릭터를 창조하여 따라 하게 하는 것도 좋다 (역사 시간에

역사적 인물을 묘사하면서 해도 학습효과가 좋다).

6. 지도자나 지도교사가 음악을 준비해서 사용해도 좋다.

관찰 포인트

1. 정말 리더의 움직임을 거울처럼 잘 따라 하고 있는지?

2. 말을 할 경우, 성대모사는 잘하고 있는지?

3. 역사적 인물이나 유명 인물, 혹은 동물 캐릭터를 할 때, 잘 묘사되고 있는지?

4. 움직임 속에 스토리나 상황 묘사는 잘 이뤄지고 있는지?

5. 관찰력이 잘 발달되어 있는지?

놀이 14 인형 만들기

목표 : 이 놀이는 인형 만드는 사람과 인형이 되어주는 사람으로 나눠서 하는 놀이로, 인형 만드는 사람의 의도와 창의성을 정확히 따라 줘야 한다. 손, 발, 머리, 심지어 표정까지 인형이 되어주는 사람은 온몸을 다 사용해야 한다. 이 놀이는 두 사람이 짝이 되어 할 수도 있고 한 사람(인형 만드는 사람)과 그룹(인형이 되어주는 사람들)으로 나누어 할 수도 있다.

실습

1. 인형을 만드는 사람이 종이에 인형의 스케치를 먼저 한다.

2. 인형 만드는 사람이 인형이 되어주는 사람의 몸 구석구석을 작업

하며, 인형이 되어주는 사람은 최대한 따라줘야 한다.

3. 음악을 틀어서 분위기를 만들고 인형이 움직이게 해도 좋다.

4. 특히 그룹 전체를 인형으로 만들면 마치 인형 박물관에 온 느낌일 수 있다.

5. 인형에 맞는 의상과 모자, 악세서리 등의 소품도 직접 만들거나 준비하면 더욱 좋다.

관찰 포인트

1. 인형 만드는 사람이 얼마나 창의적인지?

2. 인형이 되어주는 사람이 몸 표현으로 잘 따라 하고 있는지?

3. 음악에 맞춰 얼마나 잘 움직이고 있는지?

놀이 15 가족과 함께 식사를

목표 : 가족의 소중함과 가족 간에 있을 수 있는 문제나 갈등을 비춰 볼 수 있는 놀이로, 식탁을 가운데 두고 빙 둘러앉아 즉흥으로 대화하면서 가족끼리 소통을 나눠본다. 이 놀이를 통해 참가자들의 가족에 대한 태도나 가정생활의 단면을 엿볼 수 있다. 각 참가자들에게 배역을 맡게 한다 (엄마, 아빠, 할머니, 할아버지, 삼촌, 형, 누나, 동생 등).

7~10분 정도가 가장 적당하며, 적당한 때에 이방인(경찰, 보험회사 세일즈맨, 딸의 남자 친구 등)을 참여하게 해서 가족들의 생각과 반응, 태도 등의 표현을 창의적으로 만들 수 있다.

(식사하면서 하는 설정도 좋지만, 식후나 식전의 상황으로 설정해도 좋다.)

실습

1. 동물 가족으로 설정해도 좋음.
2. 서로 대화를 나누는 가운데 지도자나 지도교사가 '스톱' 싸인으로 모두 10초 정도 멈추게 했다가, '액션' 하는 소리에 다시 가족이 대화하는 시간을 주는 식으로 7~8회 반복하면서 한다. 이 과정에서 '스톱' 했을 때, 각 참가자들의 내면을 세밀히 관찰하고 읽어보는 기회가 되면 좋다.

관찰 포인트

1. '스톱' 시간 동안 참가자들 각각의 내면에 어떤 변화가 있는지?
2. 이방인이 등장했을 때, 가족들의 반응과 대처는 어떤지?

놀이 16 이야기 놀이

목표 : 개개인의 창의적인 생각이 다른 사람과의 소통으로 연결되면서, 나중에 하나의 큰 이야기로 발전되는 놀이로, 혼자만의 생각과 아이디어가 아닌 다른 사람과 함께 공유하는 창의적 스토리텔링 놀이다. 문학성과 창의성을 계발할 수 있다.

실습

1. 둥그렇게 그룹이 둘러앉아, 한 사람이 이야기의 한 문장만 이야기하고 옆 사람에게 넘긴다. 그러면 옆 사람은 그 이야기에 덧붙여서 또 한 문장의 이야기로 이야기를 발전시키고 다음 사람에게 넘긴다. 이렇게 이야기가 릴레이 되어 마지막에 완성되게 하는 놀이다 (그룹이 20명 내외면 좋겠다).

2. 이 놀이가 진행되는 동안 지도자 혹은 지도교사가 동영상 촬영이나 녹음을 해서, 하나의 이야기가 완결되는지 나중에 다 함께 모니터링하면 더욱 좋다.

3. 이야기를 전달 받으면 3초 내에 다음 한 문장으로 연결시켜야 한다.

4. 이야기의 구성과 반전, 그리고 흥미진진하게 발전시켜야 한다.

5. 그룹으로 하는 게 아니라 두 사람이 마주보고, 역시 한 문장씩 이어가며 이 놀이를 진행해도 좋다.

관찰 포인트

1. 이야기를 지어내는 능력이 얼마나 탁월한지?

2. 반드시 한 문장의 규칙을 잘 지켜내고 있는지?

3. 주어진 3초의 시간을 잘 지키고 있는지?

4. 이전 사람의 이야기를 잘 경청하고 이해하고 발전, 전개시키고 있는지?

5. 이야기 전개에 템포나 리듬감은 잘 살아있는지?

6. 듣는 사람들에 대한 배려가 잘 이뤄지고 있는지?

7. 두 사람으로 이 놀이를 할 때, 지도자나 지도교사가 '그만' 할 때까지 이야기의 일관성이 잘 지켜지고 있으며, 막힘은 없는지?

놀이 17 인형과 함께 춤을

목표 : 지도자나 지도교사가 준비한 인형(사람 인형, 동물 인형 등)을 가지고 노는 놀이로, 개개인이 2~3분 동안 인형과 대화하는 놀이다. 물론 인형은 말이 없지만, 그 인형과 놀면서 만드는 관계, 상황의 설정, 스토리 등 많은 창의성이 표현되어야 한다.

실습

1. 우선 참가자에게 인형을 주고 1분 정도 음악에 맞춰 춤을 추게 한다 (음악은 지도자나 지도교사가 준비하는 게 좋다).
2. 이어서 3~4분 정도 인형과 대화하며 놀게 한다.
3. 인형을 마치 살아있는 생명체 대하듯 하게 한다.
4. 인형과의 대화에 있어 대화 내용과 상상력이 매우 중요함을 인식시킨다.

관찰 포인트

1. 대화 내용이 스토리 구성에 어떤 영향을 주고 있는지?
2. 인형과 대화를 나눌 때 얼마나 상상력이 발휘되고 있는지?
3. 인형과 얼마나 친한지?
4. 인형을 어떤 감정으로 대하고 있는지? (사랑, 미움, 귀찮음 등)
5. 인형과 얼마나 친숙하게 놀고 있는지?
6. 얼마나 인형과 무언의 교감을 특별히 주고받고 있는지?

놀이 18 동작 더하기

목표 : 그룹이 둥그렇게 서서, 첫 번째 참가자가 동작 하나를 하면 다음 참가자가 그 동작에다 자신의 동작을 새로 덧붙여서 또 옆 참가자에게 전하는 식의 놀이로, 동작마다 소리를 첨가해도 좋다. 이 놀이를 통해 움직임과 듣고 보는 관찰력의 창의성과 소통의 원활함을 계발시킬 수 있다.

실습

1. 지도자나 지도교사가 첫 번째로 시작해도 좋은데, 아주 단순한 동작으로 시작하는 게 좋다.

2. 그룹으로 할 경우 12명 내외가 좋고, 두 사람이 마주 보고 지도자나 지도교사가 '그만!' 할 때까지 발전시켜도 좋다.

3. 동작에 맞춰 소리를 첨가해도 좋다,

4. 동작에 어떤 간단한 이야기나 메시지를 포함시키면 더욱 좋다.

5. 동작이 거듭되면서 매우 우스운 동작이 만들어질 수도 있는데, 그런 과정이나 전개도 결코 나쁘지 않다. 더욱이 동작과 소리가 일치하지 않아도 괜찮다. 정말 집중해서 동작과 소리를 이어갈 때 이 놀이의 생명력이 있다.

6. 절대로 한 사람이 두 개의 동작을 하면 안 된다.

7. 그룹이 원을 그리고 서서 하다가 나중에 앉고, 눕고… 등등 하나의 커다란 기계의 구조처럼 만들어 보는 변형도 좋다.

8. 처음엔 동작만 이어가다가 나중에 동작과 소리를 한꺼번에 시

도하는 것도 좋다.

놀이 19 의자와 함께

목표 : 빠른 반응과 적응력, 요령을 터득할 수 있고 지도자나 지도교사 혹은 리더의 의지를 미리 읽을 수 있는 예지력과 직감을 키울 수 있는 놀이로, 마지막 남은 의자 하나까지 진행하면서 참가자 개개인의 성격도 살펴볼 수 있는 놀이다.

실습

1. 10명에서 15명 정도의 그룹을 위한 예술 놀이다.
2. 한 곳에 의자를 참가자 수보다 하나 적게 놓고 노랠 부르며 둥그렇게 의자 주변을 걷게 한다. 그러다가 지도자나 지도교사 혹은 리더가 크게 북을 치거나 손뼉을 치면, 참가자들이 의자로 달려가 앉는다. 이때 의자에 앉지 못한 사람과 의자 하나를 함께 제외시킨다.
3. 계속 이런 식으로 반복해서 놀이를 진행하면, 나중엔 의자 하나와 두 사람만 남게 된다. 이때 마지막에 의자에 앉는 사람이 최

후의 일인자가 된다.

4. 노래 한 곡을 계속 부르며 해도 좋고, 중간 중간에 노랠 바꾸어 불러도 좋다.

놀이 20 따라 하기

목표 : 리더가 어떤 동물이나 곤충 종류의 생명체나 역사적 인물을 흉내 내거나 아니면 창조적으로 캐릭터를 만들어 걷거나 하면서 동작을 취하면, 나머지 참가자들이 그대로 따라 하는 놀이로, 특히 캐릭터를 통한 창의성을 키울 수 있다. 역사 시간이나 생물 시간 등에 이 놀이를 활용하면 좋다.

실습

1. 리더가 우선 걸으면서 움직이는 대로, 참가자들이 그대로 따라 하게 한다.
2. 간혹 리더가 캐릭터를 수시로 바꿀 수도 있다.
3. 특히 동물이나 곤충의 모습을 창의적으로 표현하면 더욱 재미

있게 할 수 있다.

4. 단순히 캐릭터를 형상화만 하는 것에서 벗어나, 어떤 스토리나 상황을 창조하도록 하면 더욱 좋다.

5. 지도자나 지도교사가 미리 준비한 음악을 틀어주고 놀이를 하면 더욱 좋다.

6. 수업과 연계하여 이 놀이를 하면 학습 능률을 많이 높일 수 있다.

관찰 포인트

1. 리더를 잘 따라 하고 있는지?

2. 무슨 캐릭터인지 금방 파악하며 따라 하고 있는지?

3. 음악과 조화롭게 잘 움직이고 있는지?

놀이 21 조각 만들기

목표 : 즉석에서 즉흥으로 몸 조각을 만들면서, 신체 표현을 중심으로 한 창의성을 확대 계발할 수 있는 놀이이다. 특정 주제나 특정 교과목에 해당하는 주제와 소재를 가지고 할 수도 있고, 게임처럼 흥미롭게 창의성에 그 목표를 두고 할 수도 있다. 특정 주제인 경우는 환희, 슬픔, 분노 등으로 다양하게 시도할 수 있고, 특정 교과목의 경우는 역사(역사적 인물들), 국어(소설에 나오는 주인공), 생물(동물 조각 만들어 보기), 과학(로봇 등) 같은 학과목에 관련된 내용을 가지고 이 놀이를 할 수도 있다.

실습

1. 각 개인이 주어진 주제나 소재에 맞는 것을 몸으로 조각을 만든다.

2. 지도자나 지도교사가 딱딱이나 박수, 또는 말로 그때 그때 조각을 바꾸어가며 만든다.

3. 그룹을 6~7명으로 하여 10회 이내의 조각 만들기를 하는 게 효과적이다. (예 : '나폴레옹'을 그룹이 돌아가면서 그 특징을 몸으로 조각을 만들어 표현한다.)

4. 노래를 부르며 이 놀이를 하는 것도 좋다.

5. 동물 조각을 할 때는 참가자들이 동물 소리를 함께 내면서 조각을 만들면 더 좋다.

관찰 포인트

1. 조각 만들기를 여러 번 바꾸어가며 할 때, 얼마나 창의적으로 하고 있는지?

2. 몸으로 표현한 조각이 사실에 얼마나 근접한지?

3. 지도자나 지도교사의 딱딱이나 박수 소리에 맞춰 조각을 바꾸어 나갈 때, 얼마나 빠르게 적응하며 바꾸고 있는지?

4. 동물 조각을 만들 때, 그 해당 동물 소리와 얼마나 비슷하게 소리를 내고 있는지?

놀이 22 장님 놀이

목표 : 눈에 안대를 해서 보이지 않는 상태에서 하는 놀이로, 주어진

그 상황에서 실연하는 오감 체험을, 상상력에 기반을 둔 스토리로 구성하여 표현하는 가운데 창의적인 면을 계발할 수 있다.

실습

1. 그룹당 인원은 5명 정도가 적당하다.
2. 지도자나 지도교사가 상황을 간단명료하게 제시하고 참가자들이 바로 실연에 들어가게 한다 (정글, 전혀 안 가본 동굴 속, 숲 속, 꽃밭 등).
3. 5~7분 정도의 시간 내에, 일종의 즉흥 상황극을 만들게 한다.
4. 확실히 눈이 안 보이게 한다.
5. 상황이 제시되면 그룹이 함께 그것에 대한 스토리를 짧더라도 만들어 나간다.
6. 그룹 간에 대사를 주고받아도 상관없다.
7. 이 놀이를 녹음이나 동영상 촬영을 해서 나중에 하나의 스토리가 될 수 있게 한다.

관찰 포인트

1. 눈이 안 보이는 상태에서 각 개인의 몸은 주변 상황과 어떻게 반응하며 대처하는지?
2. 스토리가 전개되는 가운데, 그 스토리의 전개 상황에 어떤 반응과 대처를 하고 있는지?
3. 장소와 시간에 대한 상상력과 그 반응과 대처는 어떤지?
4. 대사 구성 능력과 스토리에 연관되는 창의성은 얼마나 잘 되고 있는지?

놀이 23 감각 체험하기

목표 : 참가자 개개인이 즉흥으로 벌이는 이 놀이에 얼마나 몸이 극도로 잘 반응하고 대처하며 느끼는지에 대한 놀이로, 감각의 예민함과 정서가 즉각적으로 나타나는 반응을 계발할 수 있는지를 목표로 둔다.

실습

1. 그룹은 10~15명 정도가 적합하다.
2. 모두 둥그렇게 원을 그리고 앉아 안대를 착용하거나 눈을 감는다.
3. 지도자나 지도교사가 첫 번째 술래를 정하면, 그 술래가 자신의 안대를 풀고 살금살금 아무한테나 다가가서 지도자나 지도교사가 준 소품을 놓고 제자리로 돌아간다. 이때 절대로 들키지 말아야 한다. 만약 들키게 되면 그 술래는 이 놀이에서 퇴출시킨다. 이렇게 계속해서 마지막 한 사람이 남을 때까지 진행한다.
4. 소품 : 권총, 칼, 약병, 손수건, 꽃, 편지 등.

관찰 포인트

1. 감각이 얼마나 예민하지?
2. 끝까지 주변에 대한 경계와 경청, 그리고 느낌을 가지고 집중을 잘하고 있는지?
3. 집중력과 집중도에 대한 점수를 준다면?

놀이 24 사진 찍기

목표 : 사진을 찍을 때, 사람들이 갖는 감정과 표정의 차이에서 오는 표현의 다양성과 독특하면서 독자적인 차별성을 가진 창의성을 존중하고 장려함으로서, 이 놀이를 통해 개인뿐 아니라 그룹 간에 이뤄지는 소통의 중요성을 알게 한다.

실습

1. 그룹이 함께 사진을 찍으며 표현하는 놀이다.
2. 지도자나 지도교사가 정해 준 리더가 그룹에 감정 상태의 분위기를 얘기해 주며 참가자들이 포즈나 움직임을 취하게 한다.
   (예 : 졸업식을 마친 기쁨, 생일 파티 석상에서의 기쁨, 외국으로 이민을 가는 친구와 마지막 한 컷 촬영, 우산은 하나뿐인데 소나기가 쏟아져 모두 우산 속으로 들어온다, 친구들이 모두 들여다보는 가운데 로또복권 1억 원 당첨되는 순간, 지갑에 넣어둔 수표 700만 원이 없어졌다, 야구 챔피언시리즈 마지막 경기에서 자기 편이 이기거나 진 상황 등)
3. 이 놀이는 10~30초가 가장 무난하다.
4. 스틸 사진 컷이라고 규정하고 해도 좋지만, 동영상 촬영이라는 가정을 하고 2~3분 정도의 상황이나 스토리를 만들게 해도 매우 좋다.
5. 음악을 들려주며 상황을 바꿔가는 것도 좋다 (경우에 따라 음악 7~8곡을 계속 바꿔가며 이 놀이를 해도 좋다).

6. 학생들 교과목과의 연계로 역사적 인물을 제시하고 그 인물의 특징을 포즈 취하게 하는 것도 좋다 (마릴린 몬로, 채플린, 이순신, 나폴레옹, 아이언 맨, 히틀러, 네로 황제 등).

관찰 포인트

1. 리더의 제안에 따라 참가자들이 잘 따라 하는지?
2. 음악에 맞춰 포즈나 움직임을 표현할 때 분위기, 리듬, 상상력이 잘 활용되고 있는지?
3. 역사적 인물이나 캐릭터를 표현함에 있어 기억력과 상상력, 관찰력이 얼마나 뛰어난지?

놀이 25 촌극 만들기

목표 : 그룹별로 각각 4~7분 정도 길이의 촌극을 만들게 해서 각 그룹이 만든 공동 창작의 창의적인 스토리와 표현을 하게 함으로서, 창의성을 계발하고 그룹별로 사회적 기술과 소통을 갖게 한다.

실습

1. 지도자나 지도교사가 똑같은 테마를 설정해서, 그 테마에 맞게 그룹별로 5~7분 정도의 짧은 촌극 보여주기 시간을 갖는다.
   (테마의 예 : 친구 이야기, 우리 엄마, 동물원 견학, 지하철 안에서 일어난 일, 영화 보는 사람들, 경매장 풍경, 천문학 박물관에서, 로봇 전시장에서 등)

2. 경우에 따라 테마를 주지 않고, 자유로운 이야기 구성에 맡겨
   도 좋다.
3. 그룹은 7~8명이 적당하다.
4. 먼저 각 그룹별로 모여 스토리를 구성하고, 캐릭터를 만들고, 배
   역을 정해서 30분 정도 연습시간을 갖게 한다.
5. 촌극 보여주기에 필요한 소품이나 의상을 준비하면 더 좋다.
6. 공연이나 배경에 알맞는 음악을 준비하게 하는 것도 좋다.
7. 초, 중, 고의 교과목에서 테마를 따와서 수업시간에 해도 좋다.

관찰 포인트
1. 스토리 구성이 매우 탁월한지?
2. 얼마나 창의적인지?
3. 보여준 촌극이 창의적이고 설득력 있게 잘 표현했는지?
4. 테마를 잘 이행하며 표현했는지?
5. 보충하고 고칠 점은 없는지?
   (촌극 후에 지도자나 지도교사가 참가자들과 함께 점검하고 토
   의하는 과정이 매우 중요하다.)

놀이 26 감정 알아맞히기

목표 : 개인이나 그룹이 표현하고 있는 감정의 상태를 알아맞히는 놀
이로, 즉흥성을 띤 것이지만 (감정 표현의 앞뒤엔 스토리가 존
재한다) 그것을 표현하는 창의성과 표현의 객관성을 계발하고

의사 표현의 소통을 계발할 수 있다.

실습

1. 개인이나 그룹이 표현하는 감정을 알아맞히는 놀이로, 감정을 말 없이 충실히 표현하며 객관성을 띠게 한다 (처음엔 말없이 놀이를 하고, 나중에는 대화를 넣어가며 감정 표현을 하는 단계식 발전 형식이 좋다).
2. 표현은 즉흥으로 곧바로 하게 한다.
3. 표현에 스토리가 배경으로 깔리게 한다.
4. 표현 시간은 5분을 넘지 않게 한다.
5. 감정 상태는 지도자나 지도교사 혹은 리더가 정해 준다.
6. 감정 상태의 예로는 기쁨, 슬픔, 분노, 즐거움, 놀라움, 미움, 지겨움, 혼돈스러움, 사랑의 감정 등.
7. 개인이나 그룹(3~7명)이 나머지 참가자들이 보는 앞에서 감정 표현을 즉석으로 보여준다.
8. 그룹으로 할 때는 서로 소통하는 방식이 좋다. 즉 스토리를 즉석에서 이어가고, 서로의 관계도 즉석에서 설정해 가면서 하면 더욱 창의성이 돋보인다.

관찰 포인트

1. 말없이 표현할 때 객관적으로 잘 표현하고 있는지?
2. 어떤 스토리가 배후에 있는지?
3. 감정 표현에 분명한 모티브가 있는지?
4. 그룹이 할 때, 서로간에 소통과 사회적 기술 협업은 잘 되고 있는지?

목표 : 거짓말하는 사람과 거짓말을 찾아내고 밝혀내는 사람 간의 놀이
다. 거짓말을 찾아내는 사람에게 절대 들키지 않게 연기해야 하
는 부담이 있지만, 진실인 것처럼 얘기하는 가운데 스토리의 논
리성, 개연성, 창의성을 확대 계발시킬 수 있다.

실습

1. 거짓말은 5분 이내로 한다. 이야기를 다 들은 사람들이 거짓말
을 찾아낸다.

2. 거짓말하는 사람은 어떤 거짓말을 할 건지 지도자나 지도교사에
게 미리 밝히고 시작한다.

3. 거짓말은 한 가지로 한다 (여러 거짓말을 포함하지 않는 게 좋다).

3. 두 사람이나 세 사람, 혹은 네 사람이 해도 좋은 놀이다.

4. 그룹이 할 경우, 한 사람이 앞에서 거짓말을 하고 나머지 멤버가
거짓말을 찾아내는 역할을 한다.

5. 거짓임을 밝히는 건 이야기의 논리성, 당위성, 그리고 이야기하
는 사람의 표정에서 찾아낼 수 있다.

6. 거짓말하는 사람은 거짓말을 절대로 들키지 않게 하는 것이 이
놀이의 가장 큰 핵심이다. 이야기의 구성과 그 이야기를 풀어나
가는 것에서 창의적 표현이 드러난다.

7. 거짓말을 찾아내려는 참가자들은 이야기꾼의 말을 매우 집중해서
듣고, 상상력을 발휘해야 하고, 표정과 일거수 일투족을 면밀히 관

찰하고, 매우 객관성을 가지고 경청해야 할 것이다.

관찰 포인트

1. 이야기의 진실성을 정말 잘 표현하는지?
2. 표정에 숨기는 것은 없는지?
3. 논리성과 당위성이 스토리에 포함되어 있는지?
4. 6하 원칙에 준하여 이야기를 판단할 때, 빈틈이나 문제점은 없었는지?
5. 이야기가 끝난 다음에 어떤 여운이 남는지?
6. 언제쯤 이야기의 거짓말이 드러나는지? (끝까지 드러나지 않아야 한다.)

놀이 28 스토리 따라 하기

목표 : 지도자나 지도교사가 미리 정한 10쪽 분량의 짧은 스토리(역사 이야기, 단편소설, 에세이, 논픽션 등)를 그룹에게 읽어주고 그룹이 표현하게 하는 놀이로, 스토리에 대한 구성력과 상상력을 몸으로 직접 보여주기 위해 체현화 하는 가운데, 표현력과 창의력을 키우고 계발한다.

실습

1. 다양한 교과목의 소재를 이 놀이에 이용할 수 있다 (나비 이야기, 인물 이야기, 역사 이야기, 애벌레 이야기, 실화, 동화 등).

2. 스토리가 정해지면 그룹 안에서 배역을 정하고, 한 사람이(리더) 스토리를 읽으면 나머지 배역들이 행동으로 연기하듯이 보여준다.
3. 지도자나 지도교사가 스토리를 정해도 좋지만, 학생들이 직접 스토리를 써서 창작하면 더욱 좋은 창의적 결과라 하겠다.
4. 간단한 소품을 사용하면 전달과 표현에 더 큰 효과가 있다 (이미 만들어진 소품보다는 참가자들이 소품을 다양한 재료로 직접 만드는 것이 더욱 창의적 표현을 실행하는 것이 된다).
5. 연기를 담당한 참가자들이 대화나 대사를 해도 좋다.
6. 스토리를 읽는 동안 배경음악이 있으면 더욱 좋다.

관찰 포인트
1. 스토리에 맞게 연기를 잘하고 있는지?
2. 스토리보다 더 풍부하게 표현하고 보여줘서, 스토리 배후에 깔린 의도를 더욱 효과적으로 보여주고 있는지?
3. 소품을 만들었을 때, 얼마나 창의적인지?

놀이 29 빙하시대

목표 : 지도자나 지도교사가 빙하시대에 대한 정보나 자료를 참가자들에게 얘기해 주고, 그룹별로 약 20분 정도 빙하시대의 삶에 대한 모습들(음식 만들기, 사냥, 낚시, 집짓기, 동물 기르기 등)을 상상하게 해서, 우선 대본을 쓰게 하고 배역을 결정해서 그룹별

로 발표를 하게 한다. 이러한 미니 공연을 통해 참가자들의 상상력과 창의성을 키울 수 있다.

실습

1. 한 그룹이 20명이 넘지 않게 짠다.
2. 발표 시간은 10분 이내로 한다.
3. 분명한 주제를 정하게 한다.
4. 대본을 쓰게 하고, 발표 후에도 미흡한 부분을 쓰게 해서 완성된 대본을 창작하게 한다.
5. 필요한 소품을 참가자들이 만들게 한다.
6. 발표 때, 서로의 소통을 몸짓 이외에 대화나 소리, 노래, 대사 등을 자유롭게 사용하도록 한다.
7. 물론 음악을 사용하면 더욱 좋다.

관찰 포인트

1. 대본 구성이 창의적인지?
2. 빙하시대에 대한 상상력이 얼마나 풍부한지?
3. 움직임이나 소리, 대화 등이 얼마나 서로 소통으로 잘 연결돼 있는지?

놀이 30 세 가지 소원

목표 : 참가자들이 각자 혹은 그룹별로 세 가지 소원을 정해서 그 소원

이 무엇이며, 어떻게 해야 이뤄질 수 있는지 5분 내에 발표하는 놀이이다. 개인이나 그룹이 가진 소원과 그에 대한 납득할 만한 설명이나 발표를 통해, 개인 혹은 그룹의 창의성과 소통의 기술을 나눌 수 있는 계기가 된다.

실습

1. 개인이나 그룹별로 세 가지 소원을 정해서 5분 이내의 발표를 하게 한다.
2. 발표 형식은 매우 자유롭게 하게 한다 (촌극, 무용, 마임, 음악, 총체 퍼포먼스식 등).
3. 그룹으로 나눌 경우 한 그룹당 5명 내외가 좋다.
4. 발표 시간은 5분 정도가 가장 효과적이다.
6. 소원은 말 그대로 소원이므로 절실하게 표현하기를 주문한다.
7. 경우에 따라 지도자나 지도교사가 소원의 범위를 정해 줘도 좋다. (예 : 친구에게 바라는 소원, 가정에 바라는 소원, 학교에 바라는 소원, 직장에 바라는 소원, 10년 이내의 나의 소원 등)

관찰 포인트

1. 소원이 너무 황당한 것은 아닌지?
2. 발표가 얼마나 설득력이 있는지?
3. 얼마나 진실성이 표현되고 있는지?

놀이 31 가수의 꿈

목표 : 8~9명이 한 그룹이 되어 가수가 되기 위한 꿈을 펼치는 것으로,
노래 한 곡을 정해서 그룹 모두가 참여해 개인당 한 마디나 두
마디 정도로 노랠 부르며 릴레이식으로 이어가는 놀이로, 음정,
박자, 가사 전달, 그룹의 단결력, 집중력, 소통, 효율성 등을 키
우는 창의적 놀이다.

실습

1. 그룹별로 노래를 정한다.
2. 경우에 따라 지도자나 지도교사가 노래를 정할 수도 있다.
3. 참가자들의 성별이나 성격을 분석한 뒤 장르별로 노래를 정하는
   것도 좋다 (동요, 민요, 가요, 가스펠, 가곡 등).
4. 노래가 정해지면 악보나 가사만 크게 써서 눈에 잘 띄는 곳에 부
   착해서, 보면서 부르게 해도 좋다.
5. 실제 피아노 반주나 악기를 사용해도 좋고, MR을 사용하면 더욱
   효과적이다. 노래 반주가 있으면 좋지만, 아카펠라로 반드시 그
   룹이 부르게 하는 것도 매우 효과적이다.
6. 한 마디씩 개개인이 부르지만 마지막 소절은 모두 합창으로 부르
   게 규칙을 정하는 것도, 그룹의 단결심과 서로에 대한 배려심에
   대한 효과를 충분히 볼 수 있어 좋다.
7. 노래만 부르는 게 아니라 율동을 함께 해서 부르도록 하면 더욱
   총체적 효과를 거둘 수 있다.

8. 노래가 정해지면 즉석에서 해도 좋지만, 그룹별로 미리 연습할
   시간을 20~30분 정도 주는 것도 좋다.

관찰 포인트

1. 노래 가사는 잘 전달되고 있는지?
2. 박자, 음정은 틀리지 않는지?
3. 그룹 전체의 통일된 호흡과 감성이 전달되고 있는지?
4. 율동은 얼마나 잘 되고 있으며 창의적인지?
5. 합창 부분은 서로 잘 소통되며 이뤄지는지?
6. 연습 시간을 할애했을 경우, 효과는 얼마나 있는지?

놀이 32 자랑스런 내 친구

목표 : 친구의 자랑스런 점을 세 가지씩 발표하는 놀이로, 한 사람당 2
분 이내로 말로 표현하고 30초 동안은 몸으로 표현하게 하는 놀
이다. 사회적 소통과 친구에 대한 관찰력을 창의적으로 표현해
볼 수 있는 기회가 된다.

실습

1. 그룹이 둘러앉아 한 사람씩 자기 친구의 자랑스런 점 세 가지를
   2분 이내로 이야기하고 난 후, 일어나서 몸으로 30초 내로 자랑
   스런 점을 표현하도록 한다.
2. 발표 전에 먼저 친구의 얼굴이나 모습을 종이에 그리게 하고, 그

종이를 들고 얘기하고 발표하면 더욱 좋다.

3. 한 사람이 끝나면 다음 사람에게 얘기와 표현을 넘기는 릴레이식 놀이로 진행한다.
4. 반드시 친구의 세 가지 자랑을 해야 한다.
5. 같은 자랑이라도 차별화된 표현과 치밀한 묘사가 되도록 요구한다.

관찰 포인트

1. 친구에 대한 자랑을 얼마나 진정성 있게 하는지?
2. 친구에 대한 자랑을 얼마나 설득력 있게 효과적으로 하는지?
3. 같은 종류의 자랑거리인 경우 얼마나 차별성 있게 표현하는지?
4. 신체 표현에 있어 얼마나 창의적인지?
5. 친구의 얼굴이나 모습을 그린 것이, 발표와 표현에 얼마나 도움을 주고 있는지?

놀이 33 우리 어머니에게 편지를

목표 : 어머니에게 보내는 편지를 통해서 듣는 이들에게 많은 상상이 될 수 있게 하는 놀이다. 글쓰기에 대한 창의성과 편지를 읽음으로서 듣는 이에게 설득력과 어머니에 대한 묘사와 표현이 진솔함과 진정성을 함께 보여줄 수 있다.

실습

1. 어머니의 모습을 종이에 그려본다.

2. 어머니에게 3분짜리 편지를 쓴다.

3. 그룹이 둥그렇게 앉아서 한 사람씩 자신이 쓴 편지를 읽는다 (경우에 따라서 편지를 자신이 아닌, 다른 사람이 읽게 해도 좋다).

4. 편지를 읽을 때, 배경 음악을 사용하게 해도 좋다.

5. 편지를 다 읽은 다음, 어머니에 대한 고마움이나 애정 표현을 한 동작이나 하나의 제스처를 취하게 한다.

관찰 포인트

1. 편지가 문학적으로 얼마나 잘 묘사되고 있는지?

2. 자기 편지를 자신이 읽거나, 다른 참가자의 편지를 읽더라도 얼마나 진실되게 읽고 감정을 표현하는지?

3. 애정 표현이나 고마움을 표현하는 동작이 얼마나 창의적이며 진실성이 깃들어 있는지?

놀이 34 질문에 대답하기

목표 : 지도자나 지도교사가 그룹 참가자 한 사람 한 사람에게 질문을 하고 즉석에서 답을 듣는 놀이다. 이 놀이를 통해 각 개인의 생각이나 취향, 관찰력, 상상력, 창의성, 말로 표현하는 기술 등을 향상시키고, 같은 질문에 대해 그룹 모두가 생각을 나누고 공유할 수 있다.

실습

1. 그룹을 둥그렇게 앉게 하고, 지도자나 지도교사 혹은 리더가 번
   갈아가며 참가자 개개인에게 질문을 한다.
2. 질문에 대한 대답은 20초 내로 해야 한다.
3. 똑같은 질문을 참가자 모두에게 해도 좋고, 질문을 계속 바꿔서
   진행해도 좋다.
4. 질문에 대한 대답을 몸동작으로 표현하도록 해도 좋다.
5. 질문의 예
   - 나 자신에게 정말 좋은 장점이 한 가지 있다면?
   - 자신이 정말 좋아하는 것?
   - 정말 어리석다고 생각하는 것 하나?
   - 정말 창피하다고 생각하는 것이 있다면?
   - 아무도 믿지 않지만 자신이 믿고 있는 것은?
   - 어떤 경우에 죄가 된다고 생각하는가?
   - 정말 달콤하다고 생각하는 건?
   - 정말 자신을 화나게 하는 건?
   - 질투를 불러 일으키는 건?
   - 자신에게 정말 자긍심을 줬던 일은?
   - 가장 두려운 건?
   - 꽃을 보면 느끼는 건?
   - 붉은 색깔이 주는 느낌은?
   - 정말 싫은 것은?
   - 항상 즐겁고 기쁘게 만드는 건?
   - 정말 자신을 웃게 만드는 건?⋯⋯

(지도자나 지도교사 혹은 리더가 이외에 다른 많은 질문을 생각해서 해도 좋다.)

관찰 포인트

1. 진솔하게 대답하고 있는지?
2. 얼마나 자기 자신에 솔직한지?
3. 얼마나 자기 자신을 알고 있는지?
4. 확신있게 대답을 하는지?
5. 즉각적인 질문을 했을 때의 반응과 답은 어떤지?
6. 율동으로 표현할 때, 어떤 창의성이 보이는지?

놀이 35 우리 동네 최고

목표 : 그룹별로 자신들이 꾸미고 싶은 가장 최고의 이상적인 동네를 만들고 설명하는 놀이로, 하나의 공동체 속에 녹아든 개인과 사회성의 소통과 창의성을 계발시킬 수 있다.

실습

1. 우선 그룹이 원하는 동네의 모습을 토의하게 한다.
2. 커다란 종이에 그룹이 원하는 동네를 세밀하게 그림으로 그리거나 미니어처 모델로 만들어 보도록 한다.
    (1시간 정도 작업 시간을 준다.)
3. 이어서 그룹별로 자신들이 생각한 동네의 그림이나 미니어처 모

델을 보여주며 각자 동네에 대한 프레젠테이션을 한다.

　　(개개인의 설명은 1분 이내로 제한함)

4. 왜 이상적인지에 대한 설명과 무엇이 다른 동네와 차별성이 있
는지를 설명하게 한다.

관찰 포인트

1. 그림과 미니어처 모델이 어떤지?

2. 동네 설명을 잘하고 있는지? (표현력과 설득력 여부)

3. 동네가 얼마나 특별하고 왜 최고인지를 잘 나타내고 있는지?

4. 실용적인지?

5. 어떤 특징과 창의성이 있는지?

놀이 36 의자 놀이

목표 : 의자에 앉아 즉흥으로 보여주는 스토리텔링 놀이로, 매우 창의
적인 스토리텔링 구성 능력과 표현 능력의 창의성을 동시에 계
발할 수 있다.

실습

1. 의자 3개(기쁨 의자, 슬픔 의자, 분노 의자)를 놓는다.

2. 3명이 한 조가 되어 각 의자에 앉자마자 즉흥으로 기쁨, 슬픔,
분노를 30초 내로 표현한다 (지도자나 지도교사가 매 30초마다
손뼉을 치거나 해서 의자를 계속 바꿔 앉게 한다).

3. 처음엔 대사 없이 무언의 감정 표현만 하게 한다. 그리고 다음 번
   엔 개인별로 즉흥으로 상황을 만들어서 대사를 하게 한다.
4. 의자 선택은 참가자들이 각자 자유롭게 선택하게 한다.
5. 반드시 의자에 앉은 채로 이 놀이를 하게 한다.

관찰 포인트

1. 기쁨, 슬픔, 분노를 즉흥적으로 잘 표현하고 있는지?
2. 즉흥성과 즉각적인 반응을 잘하고 있는지?
3. 스토리와 상황에 대한 구성 능력이 얼마나 있는지?
4. 캐릭터가 잘 살아 있는지?

놀이 37 존경하기

목표 : 모든 교과목에 언급된 훌륭한 인물들에 대한 존경심을 각 개인이
1분 이내로 언급하면서, 그 인물들의 업적과 본받을 만한 점을
함께 공유하며 동시에 발표하는 창의성을 계발한다.

실습

1. 초, 중, 고등학교에 언급된 과학, 정치, 경제, 문화, 사회, 종교 분
   야에 등장하는 인류 사회에 공헌한 위대한 인물들에 대한 존경
   하는 점 세 가지를 요약해, 각 개인이 2분 이내로 스토리텔링 하
   는 발표로, 그 인물이 누구인지 밝히지 않고 발표해서, 발표 후
   에 퀴즈식으로 멤버들이 알아맞히게 한다.

2. 발표 후에 알아맞혀야 하는 시간은 20초로 규정한다.

3. 진행은 다음 사람으로 빠르게 넘어가게 한다.

4. 지도자나 지도교사가 시간을 엄수하게 관장한다. 마치 게임처럼 운영하는 게 좋다.

5. 수업시간에 그 교과목에 맞게 이 놀이를 진행하면 좋다.

관찰 포인트

1. 존경할 만한 인물에 대한 내용 3가지가 잘 요약되었는지?

2. 실제 역사적 사실에 많이 근접하고 있는지?

3. 주어진 시간을 잘 엄수하고 있는지?

4. 발표가 얼마나 창의적인지?

5. 얼마나 설득력 있게 발표하고 있는지?

놀이 38 노래 가사 바꿔부르기

목표 : 노래 가사를 즉흥으로 부르게 함으로써, 각 개인이 즉흥적으로 만들고 대응하는 창의성과 음악성을 계발할 수 있는 놀이로, 특히 그룹이 하기에 적합한 예술 놀이 중 하나다.

실습

1. 후렴이 있는 노래가 더 효과적이다. 그래서 본 가사를 계속 바꾸고 후렴구는 그룹 모두가 부르며 진행한다. (옹헤야, 진도 아리랑, 강강술래 등의 짧고 단순한 멜로디의 노래가 적합하다. 아니면 동

요도 좋다.)

2. 해당 노래의 악보를 크게 만들어 붙여 모두 보게 하는 것도 좋다.

3. 노래에 맞춰 율동도 리더를 따라 하게 하는 것이 더 바람직하다.

4. 음악, 무용 시간뿐 아니라 국어 시간에 언어의 창작 능력을 키워
   주기에 적합한 놀이라 하겠다.

관찰 포인트

1. 본 가사를 얼마나 창의적으로 잘 창작하고 있는지?

2. 리더가 율동을 잘 만들고 다른 참가자들이 얼마나 잘 따라 하
   는지?

3. 리듬, 멜로디, 템포 같은 음악성이 어떤지?

놀이 39 여행담 들려주기

목표 : 여행 중에 가장 기억에 남는 일화를 얘기하고, 다음 사람이 이어
받아 다른 여행담을 얘기하는 놀이이다. 듣는 이에게 정말 실감
나게 여행 이야기를 표현함으로써, 그 여행에 같이 동참하고 싶
은 마음이 들게끔 상상력과 창의성이 계발되는 놀이다.

실습

1. 그룹에서 한 사람씩 자신의 여행담(가상의 여행도 좋음)을 4분
   이내로 얘기한다. 매우 특별한 여행으로 남들과 차별성이 돋보
   이면 좋다.

2. 실제 상황을 재현하듯이 발표하게 한다.

3. 실습 다음에 각자 자신이 한 이야기를 종이에 써 보게 한다.

4. 지도자나 지도교사가 여행지를 제시하는 방법도 좋다. 이럴 경우 참가자가 그곳을 전혀 가보지도 않았지만, 가상으로 정말 여행을 한 것처럼 창의성 높게 표현해야 한다.

   (여행 제시의 예 : 달나라 여행, 북극, 아마존 정글 등)

5. 국어나 과학 수업, 지리 수업 등 교과목 시간에 이 놀이를 활용 하면 더욱 좋다.

관찰 포인트

1. 이야기가 정말 솔깃하고 재밌는지?

2. 마치 여행을 같이 가게 만든 것처럼 실감나게 표현과 재현이 잘 되었는지?

3. 이야기에 창의성은 얼마나 있는지?

4. 나중에 글로 썼을 때, 문장의 표현력은 얼마나 좋은지?

놀이 40 특별한 메시지

목표 : 참가자들이 특정 동물을 대상으로 해서, 그 동물에게 다양한 감정의 메시지를 특별하게 주는 놀이로, 동물과의 창의적 대화나 메시지를 통해 상상력과 창의성을 키우고, 동물의 특성과 동물을 배려하고 이해하는 심성을 키울 수 있다.

실습

1. 한 그룹당 5~6명으로 구성해서, 각 그룹이 하나의 동물을 정해서 그 동물에게 각자의 메시지를 돌아가며 전하는 놀이다.

2. 동물에게 말로 하는 것도 좋지만 노래로 감정과 메시지를 표현하면 더 좋다.

3. 한 사람당 말로 표현할 때, 3개의 메시지를 2분 안에 동물에게 전한다.

4. 메시지를 말로 하는 게 아니라, 제스처나 신체 표현만으로 해 보는 것도 좋다.

5. 정해진 동물의 특성과 특징을 잘 파악해서, 메시지를 나눌 때 교감이 잘 이루어질 수 있도록 한다.

6. 메시지의 예로는 '음식은 잘 먹었어?', '어디 가고 싶어?', '잘 잤어?', '나하고 놀자!' 등.

7. 과학 시간 같은 수업에 이 놀이를 잘 활용하면 좋다.

관찰 포인트

1. 동물의 특성이나 특징이 잘 파악되어, 교감할 때 참가자의 목소리도 변화가 있는지?

2. 메시지를 배려심 깊게 잘 전달하고 있는지?

3. 동물과 교감하는 데 있어 상상력이 풍부한지?

4. 얼마나 창의적으로 동물과 놀고 있는지?

놀이 41 친구 구하기

목표 : 위험에 처한 친구를 구하기 위한 여러 가지 창의적인 즉흥표현으로, 친구는 물론 주변 환경과 친구를 구하는 과정에서 나타나는 그룹 간의 소통, 그리고 위험한 상황이 벌어진 그 특별 상황의 시작 - 중간 - 결과를 구성하는 스토리텔링의 창의성을 계발시킨다.

실습

1. 친구 구하기의 예로는 '저수지에 빠진 친구', '불이 난 교실 안에 있는 친구', '강도에 인질로 잡혀 있는 친구', '낭떠러지에 매달려 있는 친구', '곰 앞에 위험천만 자고 있는 친구', '기어오는 독사 앞에 있는 친구' 등.
2. 각자 한 가지 이상의 방법을 빨리 생각하게 한다.
3. 위험에 빠진 친구를 어떡하든 구해야 하고, 그 방법을 생각하게 한다.
4. 그룹 모두가 협동해서 상황을 만들고 동참하게 한다.
5. 4분 안에 구출하도록 한다.
6. 구출이 전혀 타당성이 없으면 안 된다.

관찰 포인트

1. 위험을 얼마나 절감하고 있는지?
2. 구출 작전이 얼마나 창의적인지?

3. 가상 상황을 잘 구성했는지?

4. 위험한 상황과 주변 환경이 잘 표현되고 있는지?

놀이 42 갤러리 그림

목표 : 갤러리에 걸려 있는 그림을 보고, 그림에서 영감을 받아 춤을
춘다.

그림의 색깔, 구도, 소재에 의해 감수된 것이 어떤 움직임으로
나타날 것인가는 매우 중요한 창의적 표현이다. 더불어 음악이
만들어진다면 어떤 음악이 될까?

실습

1. 지도자나 지도교사가 미술 시간이나 체육, 무용 시간에 이 놀이
를 하면 매우 입체적이며 효과적일 것이다.

2. 그림을 보고 그룹 전체가 춤을 춘다.

3. 음악을 즉석에서 연주하거나 만들 수 없으면, 지도자나 지도교사
가 이에 적합하다고 생각한 음악을 미리 준비해 주는 것도 좋다.

4. 이 놀이는 10분 정도가 가장 효과적이다.

5. 화가의 이름은 나중에 밝혀도 좋고, 밝히지 않아도 좋다. 아니면
절대 밝히지 않는 편이 더 좋다.

6. 이미 상업적으로 알려진 그림보다는 전혀 모르는 화가의 그림이
선입견이 없어 소재로써 더 좋다.

7. 그림을 빔프로젝트로 확대해서 보여주거나, 모두 볼 수 있게 크

게 확대한다.

8. 그룹이 한꺼번에 이 놀이를 해도 좋고, 개인별로 해도 좋다.

9. 그림을 보고, 느끼고, 생각하고, 감지한 것을 글로 쓰게 한다.

관찰 포인트

1. 춤이 그림과 연관이 있는지, 없는지?

   (꼭 연관이 있어야 하는지?)

2. 그룹이 한꺼번에 할 때 서로 교감이 이뤄지는지?

3. 서로 모방을 하고 있지는 않는지?

4. 그림에 대해 글을 써서 표현했을 때, 어떤 창의적인 생각과 표현이 담겨있는지?

놀이 43 꽃밭에서

목표 : 가상의 꽃밭에 들어갔다고 가정하고 각자 꽃을 보고 느끼는 감성을 글, 노래, 대사, 움직임 등으로 표현해 보는 이 놀이는 감성 계발에 대한 창의적 표현으로 매우 적합한 놀이의 하나가 될 것이다.

실습

1. 그룹이 동시에 꽃밭에 들어가 10분 정도 노는 놀이다.

2. 꽃에서 느낀 각자의 감성을 움직임(춤)으로 표현해 본다.

3. 음악을 각자 생각해 본다. 그리고 참가자들이 음악을 고르거나 음악을 만들게 한다. 그런 다음 음악을 배경으로 움직여 본다.

4. 꽃을 보고 시를 짓게 한다.

5. 각자 꽃과 대화를 1분간 해 본다.

6. 국어 시간 등에 이 놀이를 활용하면 좋겠다.

관찰 포인트

1. 오감으로 꽃을 감지하고 있는지?

2. 꽃의 색깔, 질감, 형태, 냄새를 느끼며 표현하고 있는지?

3. 시를 지었을 때, 얼마나 창의적인지?

4. 꽃과의 대화는 정말 친밀하게 이뤄지고 있는지?

놀이 44 산꼭대기에서

목표 : 산 정상에 올라 갖는 감정 표현으로, 표현 자체를 극대화했을 때, 청소년들의 잠재력 속에 있는 감정과 감성의 분출을 드러내고 표현해 보는 놀이다. 최대한 가져보는 감성을 통해 표현의 분출을 시도하고 계발해 볼 수 있다.

실습

1. 3천 미터 이상의 매우 높은 산 정상임을 상상한다.

2. 산 정상에서 각자 느끼는 쾌감과 몸과 소리의 표현을 시도해 본다.

3. 각자 최대의 소리를 산 밑으로 외쳐본다.

4. 그룹 전체가 노래를 합창한다.

5. 그룹이 함께 어깨를 맞대고, 산 위에서 경중경중 뛰어본다.

6. 10분 정도 지도자나 지도교사가 감정의 주제를 얘기해 주고, 그룹이 따라 하게 한다.
7. 놀이 다음에 그 느낌을 글로 표현해 본다.

관찰 포인트

1. 산 정상에 대한 상상력이 얼마나 발휘되고 있는지?
2. 외침과 몸놀림이 어떻게 반응하는지?
3. 합창을 할 때, 그룹 전체가 하나가 되어 합일되는 총체적 힘이 보이는지?
4. 글로 쓰게 했을 때, 그 느낌이 잘 표현되며 창의성은 얼마나 있는지?

놀이 45 댄스 파티

목표 : 춤으로 스토리를 표현하면서 잠재된 창의성을 계발하고 표현해 본다. 특히 2인이 하는 '댄스 배틀Dance Battle'은 더욱 두 사람 간의 대화처럼 스토리가 발전되면 좋겠다. 춤으로 하는 이러한 표현은 매우 직접적인 표현의 매체가 될 수 있어 창의적인 표현을 발휘하는 데 많은 도움을 준다.

실습

1. 춤을 추기 전에 먼저 글로 어떤 이야기와 어떤 캐릭터인지 정해서 써보게 한다.
2. 그룹에서 한 사람씩 나와서 춤을 춰도 좋다.

3. 그룹 전체가 군무로 춤을 추며 발전시켜도 좋다.

4. 댄스 배틀로 2인이 춤을 추며 몸으로 대화하듯 교감을 하게 한다.

5. 2분 정도의 시간 배정이 좋다.

6. 음악은 지도자나 지도교사가 가사가 없는 연주 음악으로 고르
는 게 좋다.

7. 참가자가 적어도 독무, 2인 배틀, 군무 등 모두 세 차례에 걸쳐
참여하게 한다.

관찰 포인트

1. 글로 쓴 표현과 춤으로의 율동엔 어떤 표현의 차이가 있는지?

2. 음악과 춤이 앙상블이 잘 이뤄지는지? (전혀 상관없어도 괜찮
지만….)

3. 어떤 스토리에 근거한 감정이 춤 속에 들어있고 표현되는지?

4. 댄스 배틀에 두 사람의 대화가 깃들어 있는지?

5. 세 차례에 걸쳐서 추는 춤 속에 어떤 변화와 적응력이 보이는지?

놀이 46 내가 사랑할 수 있는 상상의 연인

목표 : 참가자 각자 자신이 가장 사랑할 수 있는 이성에 대해 생각해보
고, 그 상상의 이성(실제 사랑하는 사람도 좋다)에 대해, 어떤 점
이 정말로 사랑하게 만드는지, 세 가지 특장점을 발표하는 놀이
다. 이 놀이를 통해 이성에 대한 사랑의 의미와 사랑하는 관점
에 대한 표현이 된다.

실습

1. 그룹 앞에서 한 사람씩 3분 이내로 자신이 사랑하는 사람에 대해, 사랑하게 만드는 세 가지 좋은 점을 발표한다.
2. 지도자나 지도교사가 배경음악을 골라 준비하는 것도 좋다.
3. 다른 사람들이 정말 공감하게끔 사랑하는 사람에 대한 표현을 하게 한다.
4. 사랑하는 사람의 모습을 그림으로 그려보게 하고, 발표 후에 보여준다 (반드시 얼굴이 아니어도 좋다).
5. 사랑하는 사람에게 편지를 쓰게 한다.

관찰 포인트

1. 상상 속의 인물이라도 실제 인물처럼 묘사하고 있는지?
2. 배경음악을 들으며 분위기를 잘 만들고 있는지?
3. 그림으로 사랑하는 사람을 그렸을 때, 어떤 특징과 창의성이 돋보이는지?
4. 편지는 얼마나 묘사력이 뛰어난지?

놀이 47 정말 먹고 싶은 것

목표 : 각자 자신이 정말 먹고 싶은 음식을 표현하는 놀이이다. 단순히 음식뿐 아니라, 다양한 측면에서 음식에 관한 좋은 장점이나 재료 선택에 의한 영양, 누구와 함께 먹고, 어디서, 누가 만드는지에 대한 여러 이야기를 하나의 스토리로 창의적으로 표현했으

면 하는 놀이다.

실습

1. 먹고 싶은 음식을 그림으로 우선 그려본다 (아니면 사진 캡처를 해서 보여준다).
2. 선택한 음식을 같이 먹고 싶은 사람들과 장소에 연관된 이야기를 글로 써 본다.
3. 4분 안에 음식에 관한 얘기를 하면서, 듣는 이들에게 식욕을 돋울 정도의 창의적 표현과 발표를 하도록 한다 (고객 입장에서의 발표, 셰프 입장에서의 발표, 들은 이야기를 전하는 제3자 입장에서의 발표 등 다양하게 풀어나갈 수 있는 힌트를 준다).
4. 소품으로 음식에 들어가는 재료를 보여주며 발표하게 해도 좋다.
5. 마지막 발표자의 발표가 끝나면 그림을 모두 붙여놓고, 배경음악을 들으며 그룹 전체가 음식을 먹는 모습으로 마무리한다.

관찰 포인트

1. 발표하는 음식을 정말 먹고 싶게 하고 있는지?
2. 글로 옮겨 놓았을 때, 글의 묘사가 얼마나 창의적이며 좋은지?
3. 발표 과정에서 왜 그 음식을 선택했는지에 대한 충분한 의미가 부여되고 있는지?

놀이 48 스카이 다이빙

목표 : 지상 3천 미터 상공에 떠있는 비행기에서 그룹 모두가 뛰어내린
　　　　다는 상상과 뛰어내리기 직전에 각자 하고 싶은 말을 외치는 놀
　　　　이로, 상황에 대한 상상력과 뛰어내리기 직전에 느끼는 감정과
　　　　정서 표현이 매우 창의적으로 표현될 수 있다.

실습
　1. 비행기에서 뛰어내리기 직전에, 누군가에게 하고 싶은 말 세 가
　　　지를 30초 안에 한다 (부모님, 애인, 친구, 선생, 형, 동생, 하느
　　　님 등).
　2. 높은 의자나 스툴, 큐빗을 놓고 참가자가 한 사람씩 올라가서 표
　　　현하고 뛰어내리게 한다 (눈이 안 보이게 안대를 사용해도 좋다).
　3. 뛰어내리기 직전에 노래를 한 곡씩 부르게 해도 좋다.
　4. 스카이 다이빙 직전의 감정을 글로 써보게 한다.

관찰 포인트
　1. 정말 스카이 다이빙을 하는 것처럼 감정을 느끼고 있는지?
　2. 뛰어내리기 직전, 하고 싶은 말과 노래에 담긴 절실함이 있는지?
　3. 상상력에 대한 창의성이 얼마나 있는지?
　4. 글로 표현했을 때의 창의성은?

놀이 49　남극 리포트

목표 : 남극의 빙하에서 펭귄을 뒤로 하고 TV 리포트를 생방송하는 놀

이로, 남극이란 설정에서 오는 상상력과 매우 리얼한 상황에서의 상세한 리포트가 믿을 만하게 표현되어야 하는 창의성이 요구되는 놀이다.

실습

1. 마이크를 잡고 3분에 걸친 리포트를, 마치 남극 현지에서 하는 것처럼 생생하게 방송한다.
2. 경우에 따라서 3명이나 4명이 한 그룹으로 같이 리포트를 방송해도 좋다 (이 경우엔 10분 정도 방송해도 좋음).
3. 리포트 내용을 글로 써보도록 한다.
4. 배경음악을 지도자나 지도교사가 따로 준비하는 것도 좋다.
5. 실제로 동영상을 촬영해서 모니터링하는 것도 좋다.

관찰 포인트

1. 가상의 남극을 정말 생생하게 방송 리포트 하고 있는지?
2. 제한된 시간 안에 매우 정확하고 실속 있는 리포트를 하고 있는지?
3. 남극의 분위기를 창의적으로 표현하고 있는지?
4. 글로 썼을 때, 실제 리포트와 차이점은? 그리고 글의 표현은 또 얼마나 창의적인지?

놀이 50 범인 색출하기

목표 : 그룹 가운데 한 사람씩 돌아가면서 술래(범인)가 되고 나머지 참

가자들이 온갖 수단과 방법을 동원해 술래가 범인임을 밝혀내는 놀이로, 상상력과 집요한 추리력을 바탕으로 스토리를 구성하는 창의성 높은 놀이다.

실습

1. 지도자나 지도교사가 술래를 차례로 하게 해서, 술래에게 범인에 대한 정보를 주고 놀이를 진행한다. (범인의 예 : 도둑, 강도, 살인범, 방화범, 인신매매범, 사기범 등)
2. 그룹 멤버들이 묻고 술래가 답한다.
3. 10분 이내에 술래가 무슨 범인이다는 것을 알아내야 한다.
4. 술래는 절대로 자신이 범인임을 들켜서는 안 된다.
5. 범인을 알아맞히면 글로 써서 스토리를 만들게 해 본다.

관찰 포인트

1. 술래가 범인이 아닌 것처럼 잘 피해 가는지?
2. 그룹 멤버들은 얼마나 집요하고, 정확하고, 상상력 있게, 범인을 색출하고 있는지?
3. 범인을 밝혀내는 데 있어 추리가 깔린 스토리는 잘 구성되어 있는지?

놀이 51 세일즈맨이 되다

목표 : 특정 상품을 파는 세일즈맨 놀이를 통해 상품에 대한 홍보와 민

고 사게 만드는 세일즈맨의 수완을 매우 창의적으로 표현함으로써, 소통과 친화력을 높이는 놀이다.

실습

1. 특정 상품을 정한 다음, 그 상품의 홍보 문구와 스토리를 글로 써보게 한다 (광고 카피라이팅).
2. 4분 이내에 상품에 대한 홍보 세일즈를 한다.
3. 상품에 대한 탁월한 설명과 특별한 PT를 하도록 한다.
4. 상품의 예로는 양말, 시계, 컴퓨터, 로봇, 자동차, 주스, 라면 등.
5. 마치 한 편의 CF를 보듯 매우 집약적이며, 간결하고 효과적인 세일즈 방법을 강구하도록 한다.
6. 혼자서 하는 방법도 있지만, 그룹 전체가 세일즈에 참여하는 방법도 좋다 (3~6명).
7. 상품에 대한 창의적인 짧은 스토리를 구성하게 한다.

관찰 포인트

1. 얼마나 기발한 방법으로 세일즈 하고 있는지?
2. 상품을 사게 만드는 설득력과 호소력이 있는지?
3. 세일즈 아이디어는 얼마나 창의적인지?

2장

즉흥연기 놀이
68가지

즉흥연기 놀이의 효과

이 놀이는 개인이나 그룹이 함께 할 수 있는 놀이다. 엄밀히 말하면 미국이나 영국에서 행하는 Improvisation을 말한다. 텍스트(대본)를 가지고 하는 것이 아닌, 즉흥적 '상황'을 놓고 스토리Creative Writing를 만들고 상황을 재연하는 과정과 결과이다.

이러한 즉흥 워크숍을 통해서 3시간이 넘는 공연 작품도 제작되곤 한다. (메디컬 드라마나 싸이코 드라마에서 사용하는 역할극Role Play의 예, 미국의 '퍼포먼스 그룹'이 만들었던 일련의 공연들, '쟌 클로드 반 이태리'의 '뱀' 같은 작품이 이런 놀이에 기인해서 완성된 결과들이다.)

직업으로 하는 예술인들뿐 아니라, 이러한 작업은 일반 청소년들에게 엄청난 창의성과 표현력을 길러주고 만들어주는 계기가 된다.

즉, ① 상황에 대한 판단력
　　② 상황에 대한 이해력
　　③ 상황에 대한 분석력
　　④ 상황에 대한 표현력
　　⑤ 상황에 대한 소통력
　　⑥ 상황에 대한 상상력

⑦ 상황에 대한 창의력

⑧ 상황에 대처하는 구성력

⑨ 상황에 대처하는 품성과 인성의 개발 등

이와 같은 것을 향상시키고 생각하게 하는 여지를 주는 것이다.

◇ 실습의 원칙 ◇

1. 우선, 주어진 상황을 빨리 이해한다.
2. 주어진 상황을 바꾸지 않는 범위 내에서 스토리를 생각한다.
3. 주어진 시간 내에 표현할 수 있는 본격적인 스토리를 짠다.
4. 자신이 할 역할을 스토리와 연관해서 만든다 (나이, 신분, 역할, 몸 상태 등).
5. 상황의 내용에 따른 때와 장소가 어디이며, 그 이유가 무엇인지를 분명히 한다.
6. 갈등 요소를 파악하고 해결이나 반전을 생각해 두면 더욱 좋다.
7. 필요하면 대사는 얼마든지 한다 (물론 움직임만으로 놀이를 할 수도 있다).
8. 필요한 소품은 쓰는 게 좋다.
9. 반드시 스토리가 기본이고 근간이므로 놀이 전이나 후에, 스토리를 글로 써두는 것을 잊지 말라 (글은 매우 중요한 창의적 표현이며 동시에 기록이다).
10. 혼자 또는 2인 혹은 그룹이 함께 해도 좋은 놀이로, 상대 역할도 Role Player로서 매우 중요한 창의성을 가지고 이 놀이를 더욱 발전, 전개시킬 수 있다.

(예 1) 타고 있던 엘리베이터가 갑자기 멈춰섰다.

빨리 빠져나가고 싶은데…….

잠시 후, 불까지 꺼져 캄캄하다.

그리고 곧이어 물이 천정에서 떨어진다.

☞ Tip

1. 혼자 해도 좋고 4~12명의 그룹이 함께 해도 좋다.

2. 빨리 방법을 생각하고 실행에 옮긴다. 스토리를 구성하라.

3. 4분 내에 해결 방안을 찾도록 요구한다.

4. 엘리베이터 안에 불이 나갔을 때, 다른 반전이 이어져야 한다.
   (지도자나 지도교사가 불이 나가는 시점을 즉흥으로 알려준다.)

5. 물이 떨어질 때도 반전이 필요하고, 역시 지도교사가 물이 떨어
   지는 시점을 즉흥으로 알려준다.

★ 관찰 포인트

1. 엘리베이터가 멈춰섰을 때, 대처 방안을 빠르게 강구하고 있는지?

2. 불까지 꺼졌을 때의 반응은? 그리고 어떻게 대처하는지?

3. 천정에서 물이 떨어질 때 몸의 반응과 감정의 변화는? 대처는 어
   떻게 빠르게 하고 있는지?

4. 주어진 시간과 상황을 계속 감지하며, 상상력을 가지고 창의적
   으로 하고 있는지?

(예 2) 내일 동물원 견학을 앞두고, 유치원 선생이 5살배기 꼬마들에게 원숭이에 대해 설명한다.

☞ Tip
1. 5분 내에 동물원 원숭이를 5살 된 아이들 수준에 맞게, 정말 재미있게 설명해준다.
2. 나머지 그룹 멤버들이 유치원생 역할을 해도 좋다.
3. 일반적 원숭이에 대한 단순한 설명보다는 특정 원숭이에 대한 스토리를 창조해서 하면 더욱 좋다.
4. 나중에 참가자들에게, 전해 들은 원숭이를 그려보게 한다.
5. 원숭이 소리 흉내를 내본다.

★ 관찰 포인트
1. 5살 된 아이들에게 잘 어필하고 있는지?
2. 상상력이 얼마나 풍부한지?
3. 특정 원숭이에 관한 특별한 이야기가 있는지?
4. 원숭이 그림이 얼마나 창의적인지?
5. 목소리 흉내가 원숭이의 모습과 어떤 연관이 되는지?

(예 3) 비가 억수같이 퍼붓는 깊은 산속에서 비를 피하고자 동굴에 들어갔다. 저녁 무렵인데 동굴 속에서 무슨 소리가 들린다. 날은 점점 어두워져 간다.

☞ Tip

1. 그룹이 함께 해도 좋다.

2. 비 오는 날, 동굴이라는 주변 환경에 대해 상상을 한다.

3. 날이 점점 어두워져 가는 데 따른 감정의 맥박을 감지해라.

4. 동굴 속 깊은 곳에서 들리는 소리가 주는 감수성에 매우 민감하
   게 반응해라.

5. 어떻게 할 것인가? 빨리 생각하고 대처해라.

★ 관찰 포인트

1. 동굴에서 들리는 소리에 대한 반응과 대처는 어떻게 하는지?

2. 비 오는 것에 대해 몸이 갖는 감수성과 반응은?

3. 날이 점점 어두워져 가는 데에 따른 템포감은?

(예 4) 아버지가 국회의원에 출마해서 자식 입장에서 선거운동을 하고
다니는데, 경로당에 모인 노인들 100여 명 앞에서 선거유세를
하게 되었다.

☞ Tip

1. 노인들이 좋아할 법한 선거공약을 조리 있고 재미있게 풀어나갈
   방안을 생각하라.

2. 아버지가 노인들을 위해 얼마나 많은 것을 계획하고 있는지를 설
   명하며 호응을 끌어낸다.

3. 상대편 후보의 노인들에 대한 정책을 조리 있게 비판한다.

4. 한참 이야기를 하고 있는데 상대편 선거운동원들이 들이닥친다. 어떻게 대처할 것인지?

★ 관찰 포인트

1. 노인들에 알맞게 선거운동을 하고 있는지?
2. 아버지의 편에 서서 얘기를 풀어나가지만 얼마나 창의적으로 조리 있고 타당성 있게 선거공약을 설명하고 있는지?
3. 경로당에 상대편 선거운동원이 들이닥쳤을 때, 어떻게 지혜롭게 풀어나가는지?

(예 5) 의류 매장에서 일하는 점원인데 커플에게 옷 판매를 시도하고 있다. 최근 경기가 안 좋아 실적이 아주 저조한 편이다. 오늘이 월말인데, 아직까지 한 벌도 못 팔았다. 오늘 못 팔면 일을 그만둘 판이다. 어떻게든 팔아야 한다.

☞ Tip

1. 커플의 특징을 결정지어라.
2. 옷의 최대 장점을 간단하면서도 실용적으로 3가지 정도 생각하라.
3. 커플의 상대방이 사게끔 분위기를 최대한 만들어라.
4. 거짓으로라도 최근에 유명 연예인이 바로 그 옷을 샀다고 유혹해 봐라.
5. 실제 커플을 등장시키면 더 좋다.

★ 관찰 포인트

1. 커플의 취향, 사행성, 좋아하는 요소 등을 잘 파악하고 있는지?

2. 커플이 옷을 사게끔 분위기를 잘 맞추고 있는지?

3. 특히 연예인이 옷을 사가면서 얼마나 좋아하고, 왜 그 옷을 사갔는지를 매우 재미있게 설명하고 있는지?

(예 6) 치과의사가 급한 일 때문에 잠시 자리를 비운 병원에, 말조차 할 수 없을 정도로 이가 몹시 아픈 상태로 들어갔다. 처음 보는 간호사가 있지만 믿지를 못한다. 의사를 기다리기조차 힘들 정도로 이가 매우 아프다.

☞ Tip

1. 어떤 이가 얼마나 아픈지 설득력 있게 표현하라.

2. 간호사는 믿지 못하니 무슨 일이 있어도 담당 의사가 오게 하라.

3. 의사가 어디 갔는지, 왜 갔는지 빨리 찾아내서 치료에 대비하도록 하라.

★ 관찰 포인트

1. 이가 얼마나 아픈지, 아픈 강도를 잘 표현하고 있는지?

2. 중요한 관점인 의사가 빨리 오도록 잘 유도하고 있는지?

3. 보는 사람으로 하여금 치통에 대해 공감이 가도록 잘 표현하고 있는지?

(예 7) 30층 고층빌딩 옥상에서 자살을 시도하려는 학생과 자살을 달래서 막으려는 학생이 있다. 어떻게든 친구의 자살을 막아야 한다.

☞ Tip

1. 이 놀이에서 왜, 어째서 자살을 하려는지에 대한 스토리 구성과 자살을 막으려는 동급생의 스토리 둘 다 설득력이 있어야 한다. (2인이 할 경우)
2. 30층 옥상에 있다는 위험성을 표현하라.
3. 자살하려는 학생과 자살을 막으려는 친구의 주고받는 말의 표현 강도가 매우 창의적이어야 한다. (왜 자살을 하려는지, 왜 하면 안 되는지?)

★ 관찰 포인트

1. 두 학생 모두 충분한 반대 의사가 설득력 있는지?
2. 두 학생의 창의적 대사가 얼마나 실효성이 있는지?

(예 8) 갑작스런 설사로 공중 화장실을 갔는데 빈 곳이 없다. 매우 급하긴 하고, 어떤 방법으로든지 해결해야 한다.

☞ Tip

1. 급한 상황을 실감나게 잘 표현해야 한다.

2. 거의 마임으로 표현해도 좋다.

3. 상황의 마지막을 창의적으로 잘 처리하도록 하라.

★ 관찰 포인트

1. 정말 급한 생리적 상태를 얼마나 실감나게 표현하는지?

2. 마지막을 어떻게 창의적으로 풀어나가는지?

(예 9) 새벽 1시에 4년간 아주 친하게 지내던 친구와 막 헤어지고 들어 왔다. 마지막으로 통화하고 싶다. 다시 화해하고 싶다. 그러나 상대방이 너무 완강하다.

☞ Tip

1. 친구(이성도 좋다)와 왜 헤어졌는지, 매우 창의적 스토리를 지어내도록 하라.

2. 친구의 감정을 돌이키도록 하라. 반드시 돌이킬 수밖에 없도록 하라.

★ 관찰 포인트

1. 한밤중임을 잘 표현하고 있는지?

2. 어디서 통화하는지?

3. 상대 친구의 얘기를 잘 듣고 있는지?

4. 상대 친구를 다시 돌이키게 만드는 탁월한 아이디어와 스토리가 창의적으로 만들어졌는지?

(예 10) 제품 판매장에서 팬티를 설명하고 있다.

☞ Tip

  1. 소비자들이 살 수 있게 팬티의 장점을 잘 포장하고 설명하라.
  2. 판매하고 있는 팬티의 실용적이며 경제적인 상품의 가치를 적어
     도 세 가지 이상 열거하라.
  3. 다른 팬티와의 차별성을 매우 설득력 있게 펼쳐나가라.

★ 관찰 포인트

  1. 정말 세일즈를 잘하고 있는지?
  2. 얼마나 소비자들에게 설득력 있게 표현하고 있는지?
  3. 소비자 입장에서 얼마나 판촉을 잘해서, 정말 사고 싶게 만드는지?

(예 11) 양말 CF를 찍고 있다. 40초짜리 CF로 대박을 터뜨려야 한다.

☞ Tip

  1. 광고의 포인트를 잘 살려라.
  2. 매우 창의적인 아이디어를 생각해 내라.
  3. 양말이 갖고 있는 특별한 비하인드 스토리를 만들어라.
  4. 광고하는 그 특정 양말의 최대 장점이 무엇인지? 또 얼마나 많은
     지를 효과 있게 표현하라.

★ 관찰 포인트

1. 광고의 짧고, 강렬하고, 매우 독특한 아이디어가 있는지?

2. 광고의 형식이 얼마나 창의적인지?

3. 광고의 대상이 얼마나 명확한지?

(예 12) 아직 대학생이 아닌 학생이 장차 자신이 가고 싶은 대학 입시장에 왔다. 치열한 입시현장의 분위기를 엄마에게 전화로 전한다.

☞ Tip

1. 현장상황이 얼마나 치열한지 실감나게 전한다. 분위기, 입시생들의 표정, 학교의 분위기 등.

2. 자신의 입장에서 미래에 대한 각오와 계획을 토로하며 의논하라.

3. 특히 매우 치밀하게 관찰한 포인트를 엄마에게 잘 전한다 (시험장 입구와 시험장 건물의 모습, 시험관들의 표정 등).

4. 혹시 아는 선배가 시험에 응시하고 있는지, 있다면 어떤 느낌을 주었는지 얘기하며 자신의 각오를 전하라.

★ 관찰 포인트

1. 전화로 얼마나 자세하게 현장상황을 리포트 하는지?

2. 입시현장 분위기를 통해서 자신이 엄마에게 하고 싶은 말은?

(예 13) 짝퉁 핸드백을 놓고 보이스 피싱을 하고 있다. 상대방이 깜박 넘어가게 설명을 잘해야 한다.

☞ Tip

1. 자신의 목소리를 완전히 바꾸어 누군지 모르게 하라.
2. 상대방이 100% 믿을 수 있게 설명한다.
3. 상대방이 어떻게 돈을 입금하고, 어디로 보내야 하는지 빈틈없이 설명한다.

★ 관찰 포인트

1. 목소리 변성을 잘하고 있는지?
2. 정말 보이스 피싱처럼 하고 있는지?
3. 정말 믿을 수 있게 하고 있는지?
4. 얼마나 창의적인지?

(예 14) 귀가 잘 들리지 않는 할아버지께 자신이 기르는 애완견을 일주일 동안 맡겨두려고 한다.

☞ Tip

1. 귀가 잘 들리지 않는 할아버지를 상대로 큰 소리로 또박또박 얘기한다.
2. 애견을 왜 맡겨야 하는지 납득이 가게 스토리 라인을 잘 꾸민다.

1. 귀가 잘 들리지 않는 할아버지를 잘 배려해 표현하고 있는지?

2. 할아버지를 얼마나 잘 알고 있는지?

3. 애견을 맡겨두는 스토리의 합당성과 이유가 잘 표현되고 있는지?

(예 15) 정말 좋아하는 제일 친한 친구가 정성껏 음식을 만들었다. 그러나 정작 자신은 위염으로 속이 너무 안 좋다. 그래도 친구의 정성을 생각해서 어떻게든 오해가 안 가도록 모면해야 한다.

☞ Tip

1. 정말 푸짐하고 정성껏 만든 맛있는 음식을 앞에 두고 왜 먹을 수 없는지에 대한 스토리를, 음식 만든 친구가 꼼짝 못하고 수긍하게 잘 구성한다.

2. 음식에 대한 표현이 좀 들어가 있어서 보는 이들로 하여금 정말 친구가 정성을 다해 음식을 잘 만들었구나를 느끼게 한다.

3. 다음에 또 초대받을 수 있게 잘 모면하는 방법을 진심을 다해 강구해라.

★ 관찰 포인트

1. 정말 위염이 심한 건지?

2. 음식이 어떤 것이고, 얼마나 맛있게 돼 있는지에 대한 표현을 잘 하고 있는지?

3. 이 상황을 어떻게 잘 모면하고 있는지?

(예 16) 부모님이 이혼 절차를 밟으셨다. 나는 아버지와 마주 앉아 있다. 다시 두 분의 결합을 위해 최선을 다하려 한다.

☞ Tip

1. 이유야 어떻든 아버지를 적극적으로 만류하고 회유해라.
2. 아버지의 개인적 판단도 중시하지만, 자식을 생각하고, 가정을 생각해 보도록 매우 설득력 있게 아버지를 회유한다.
3. 어머니에 대한 오해나 잘 모르는 부분을 아버지에게 충분히 전하도록 한다.
4. 아버지가 절대로 이혼하지 않도록 하는 방법을 스토리에 덧붙여 표현한다.

★ 관찰 포인트

1. 정말 아버지 입장에서 들으면 "이혼을 못 하겠구나!" 하게 표현을 창의적으로 잘하고 있는지?
2. 이혼하면 안 좋은 점을 얼마나 조리 있게 창의적으로 표현하고 있는지?
3. 이혼하면 안 된다는 논리의 스토리 라인이 잘 만들어졌는지?

(예 17) 아버지 차를 몰고 나갔다가 그만 추돌 사고를 냈다. 집에 막 돌아오신 아버지한테 변명하거나 이해를 시켜야 한다. 아니면 아버지가 정말 화를 내실 것이다.

1. 왜 아버지 차를 운행해야만 했는지에 대한 스토리를 창의적으로
   설정하라.
2. 추돌 사고가 난 경위와 사후 처리는 어떻게 했는지?
3. 얘기를 들은 아버지로부터 꾸지람이 아닌, 적어도 '잘 처리했다'
   란 말을 들어야 한다.

★ 관찰 포인트
1. 차를 운행해야 할 만한 스토리 구성이 얼마나 창의적인가?
2. 아버지 입장에서 들었을 때 화낼 만한가, 아닌가?
3. 추돌 사고를 냈어도 사고처리를 얼마나 책임감 있고 현명하게
   대처했는가?

(예 18) 아주 형편없는 최악의 성적표를 부모님이 보고 계신다. 너무
       성적이 안 좋아 학교를 그만두라고 하신다. 하지만 어떻게든
       학교를 마치고 싶다.

☞ Tip
1. 이번 학기 성적이 나쁘지만, 앞으로는 더 나아지고 훨씬 좋아질
   것이라는 충분한 각오와 근거 있는 방법을 제시하라.
2. 현재의 성적보다는 앞으로 나아질 미래에 관한 여러 정황을 명
   확하게 제시하라.

1. 지금의 최악의 성적표가 아닌, 미래에 정말 확실히 성적이 올라갈
   수 있는 근거가 있는지?
2. 앞으로 더 나아질 것이란 얘기가 임시방편으로 모면하려는 허풍
   이 아닌지?

(예 19) 문신한 것을 보고 아버지가 엄청 화를 내신다. 하지만 이 문신
은 커플 문신으로, 사랑의 표시로 사랑하는 사람과 같이 한 것
이다. 매우 완고한 아버지를 설득해야 한다.

☞ Tip

1. 문신을 하게 된 이유와 경위를 이해하기 쉽게 잘 설명한다.
2. 요즈음 거의 모든 젊은 세대가 문신을 하는 유행에 대한 이해를
   구한다.
3. 혼자만 문신한 것이 아니라 절친과 함께했다는 말을 얼마나 조
   심스럽게 해야 하는지 결정하라.

★ 관찰 포인트

1. 왜 문신을 했는지? 이해가 되는지?
2. 문신한 것도 중요한데, 어디에다 했다는 것이고, 또 그것이 얼마나
   영향을 주고 있나를 알고 있는지?
3. 얘기를 다 듣고 나서 용서를 할 것인지, 아니면 귀엽게 넘어갈 수
   있는 건지?

(예 20) 선생님 앞에서 자신이 한 숙제가 절대 남의 것을 베낀 것이 아니라고 주장한다. 그러나 선생님은 믿지 않는 눈치고, 점수도 아주 안 좋게 주려고 한다.

☞ Tip
1. 베낀 것처럼 보여도 우연히 그런 것처럼 보일 것이라는 강력한 주장과 설득이 있어야 한다.
2. 매우 타당성 있는 증거를 제시할 수 있어야 한다.
3. 선생님의 생각은 잘못된 오해임을 조리 있고 논리적으로 풀어줘야 한다.

★ 관찰 포인트
1. 베끼지 않았다는 증거가 확실한 항변인지?
2. 주장이 확실히 타당성을 지니고 있는지?
3. 거짓을 말하고 있다고 낌새라도 느끼게 하는지?

(예 21) 선배가 자신에 대해 욕설을 쓴 낙서를 화장실에서 발견했다며 추궁하고 있다. 하지만 결코 그런 일을 한 적이 없다. 결백을 증명해야 할 입장이다.

☞ Tip
1. 문제의 화장실과 아무런 연관이 없다는 설정을 하라.

2. 글씨체가 자신의 것이 아님을 증명하라.

3. 모욕적인 글을 쓸 만큼, 선배에 대한 반감이 없다는 것을 충분히 납득시켜라.

★ 관찰 포인트

1. 진실을 말하고 있는지, 아닌지를 가려낸다.

2. 반감을 가질만한 얘기를 꺼내 테스트해 본다면?

(예 22) 처음으로 외박을 했다. 아버지가 노발대발이다. 이 위기를 모면해야 한다.

☞ Tip

1. 밖에서 잘 수밖에 없었던 이유를 잘 설명하라.

2. 절대 아무런 사고도 없었고, 의심받을 일이 없었다는 걸 피력한다.

3. 매우 창의적인 스토리를 창조하라.

★ 관찰 포인트

1. 왜? 어디서? 누구와 잤는지?

2. 이야기가 믿을 만한지?

3. 얘기의 논리가 맞는지?

4. 타당성이 있는지?

(예 23) 가전제품을 사러 온 손님이 부자인 것 같아 보인다. 가능하면 외제품을 팔아 더 큰 이익을 남기고 싶다. 가뜩이나 요즘 알바 점원으로서 물건을 많이 팔지도 못해 사장한테 야단을 맞고 있는 중이다. 최선을 다해 사게 만들어야 한다.

☞ Tip
  1. 외제품의 장점을 최대한 설명하라.
  2. 국산품과 비교, 장단점을 조리 있게 설명하며 환심을 사라.
  3. 물건을 사러 온 손님에게 외제품이 왜 딱 맞는지를 설득해 현혹되어 사게 만들라.

★ 관찰 포인트
  1. 장점 설명이 정말 비교가 될 정도인지?
  2. 돈을 더 주고 외제품을 사도 후회 없게 잘 설명하고 있는지?

(예 24) 핸드폰 판매 센터 직원과 마주 앉았다. 비싸게 주고 가장 최신형 핸드폰을 산 지 이틀밖에 안 됐는데 고장이 난 것이다. 몹시 화가 나고 당장 바꾸고 싶다. 그러나 직원은 바꾸더라도 좀 기다려 달라고 한다. 여하튼 재수 없어 환불을 받고 싶다.

☞ Tip
  1. 고장 난 것에 대한 충분한 설명을 준비한다.

2. 기다리고 싶지 않고, 기다릴 수 없는 이유를 만들어 내라.

3. 환불을 빨리해 달라고 명백한 근거와 합당한 이유를 들어 환불 받게 하라.

★ 관찰 포인트

1. 고장이 어떻게 났으며, 왜 기다리고 싶지 않은지, 이유가 명백하고 타당한가?

2. 꼼짝없이 환불받게 하고 있는지?

(예 25) 딱 같던 친구와 만났다. 최근 들은 소문에 의하면 이 친구가 계속 나에 대한 황당한 소문을 퍼뜨리고 다닌다는 것이다. 그 원인이 뭔지 미칠 정도로 당황스럽고 화가 난다. 친구는 계속 부인하고 있는데 그 진위를 캐고 싶다.

☞ Tip

1. 무슨 이유로 나에게 반감을 품는지 밝혀내 본다.

2. 소문에 대한 스토리 라인을 잘 구성해 본다.

3. 소문의 진실을 매우 치밀하게, 추궁하는 분위기가 아닌 끌어내는 분위기로, 현명하게 밝혀내도록 한다.

★ 관찰 포인트

1. 소문에 대한 이야기 구성이 매우 창의적인지?

2. 소문에 대한 진실 규명을 얼마나 현명하게 풀어가고 있는지?

(예 26) 사랑하는 사람이 갑자기 외국으로 5년간 가게 되었다. 기가 막히다. 결혼설까지 서로 오갔던 사이다. 그래서 충격이 더 크다. 어떻게든 말려야 한다.

☞ Tip
1. 그것도 아주 먼 나라로 가는 사람에게 왜 그런지 타당하지 못한 점을 들어 말린다.
2. 5년 후에 결혼한다는 것은 불가능하다는 점을 들어 설득한다.
3. 가지 못하게 하는 이유를 적어도 다섯 가지는 들어보라.

★ 관찰 포인트
1. 사랑하는 사람을 가지 못하게 만류하는 게 진심과 함께 매우 호소력이 있는지?
2. 스토리 구성에 있어, 만류하는 점에 다른 방법은 없는지?

(예 27) 단짝 친구와 심각한 절도 얘기를 나누고 있다. 아무리 봐도 친구가 내 지갑에서 돈을 훔친 것 같다. 그러나 물증이 없다. 그래도 확신이 간다. 밝혀내야 할 처지이다. 무려 100만 원이 없어진 것이다.

☞ Tip
1. 물증은 없지만 이야기를 나누는 과정에서 심증을 얻어내본다.

2. 친구가 훔쳤을 가능성을 네 가지 이상 들어본다.

3. 잃어버린 100만 원이 얼마나 중요한지 피력한다.

★ 관찰 포인트

1. 친구가 훔쳤을 가능성에 대한 스토리 구성이 얼마나 타당하며 적합한지?

2. 친구가 훔쳤을 것이라는 유추가 얼마나 잘 표현되고 있는지? (언제, 어디서, 누가 … 잘 구성했는지?)

(예 28) 나의 소개로 조카가 어렵게 취직을 했는데, 사장님이 자꾸 해고 하려고 한다. 지금은 조카가 일을 잘 못하지만, 조금 지나면 나 아질 거라 확신한다. 어떻게든 사장님을 설득해야 한다.

☞ Tip

1. 조카의 생각을 매우 조리 있게 사장님께 얘기한다.

2. 조카의 장점 7가지를 최대한 설득력 있게 얘기한다.

3. 조카가 왜 회사 내에서 필요한 인물인지, 창의적인 스토리 라인을 만들어 사장님께 얘기한다.

★ 관찰 포인트

1. 조카의 장점이 정말 유익하고, 믿을 만하고, 좋은지?

2. 사장님에게 건의하는 내용과 화법이 얼마나 좋은지?

3. 회사에 대한 책임감, 애정, 열정이 충분한지?

(예 29) 이 회사에서 일한 지 2년이 넘었다. 그런데도 급여 인상은 아예 생각도 하지 않는 것 같다. 그래서 사장님과 마주 앉았다. 오로지 급여만 인상되면 계속 일하고 싶다. 일도 어렵지 않고 같이 일하는 사람들도 좋다.

☞ Tip

1. 알바로 시작해서 정직원이 된 것에 대해, 그리고 2년 동안 얼마나 열심히 일했고 기여했는지 피력한다.
2. 더욱 중요한 것으로, 앞으로 일하게 되면 어떻게 일하고 싶은지 매우 치밀하게 열정과 애정을 가지고 사장에게 정직하게 얘기한다.
3. 앞으로 회사가 더 크게 발전할 수 있다는 자신의 생각을 적어도 5가지 이상 언급한다.
4. 지금 회사가 처한 나쁜 면도 5가지 이상 얘기해서 수정할 수 있도록 사장님께 건의한다.

★ 관찰 포인트

1. 얼마나 진실하게 회사에 기여하고 있는지?
2. 지난 2년보다 더 중요한, 앞으로 어떤 각오와 생각으로 일하려고 하는지?
3. 스토리가 얼마나 창의성 있고 전문적인지?

(예 30) 친구와 함께 50만 원 내기를 하자고 했다. 5층짜리 두 건물 사

이를 뛰어넘는 위험한 게임이다. 문제는 고소공포증이 있는데 건물 밑에선 친구들이 보고 있다. 또 남자로서 자존심 때문에 내기에 응했다. 그러나 사실 어떤 구실을 대든지 이 바보 같은 게임을 피하고 싶다.

☞ Tip
1. 하고자 하는 게임이 얼마나 치기 어린 어리석은 짓인지 친구에게 얘기한다.
2. 50만 원이 큰돈이지만, 돈이 아닌 다른 거를 걸고 다른 게임을 하게 유도해 본다.
3. 위험한 게임이라 잘못하면 목숨도 잃을 수 있는 경우와 자칫 영원히 친구를 못 볼 수도 있을 가능성을 설득력 있게 예를 들며 친구에게 권한다.

★ 관찰 포인트
1. 돈보다 이 게임의 어리석음에 대한 얘기가 더 강한지?
2. 왜 이 게임을 피하려고 하는지에 대한 강렬한 제안이 있고 설득력이 있는지?

(예 31) 된장찌개를 끓이고 있는데 친구가 자꾸 인공 조미료를 넣으라고 부추긴다. 하지만 인공 조미료를 넣지 않고도 좋은 맛을 낼 수 있다는 것을 설명하는데 도무지 믿지 않는다.

1. 인공 조미료의 해로움에 대해 강렬한 증거를 댄다.

2. 인공 조미료 없이도 맛있게 될 거라는, 미감을 만족시키는 제안을 해야 한다.

3. 자신이 만든 음식을 얼마나 많은 사람들이 먹고 좋아했는지를 예 증하라 (멋진 스토리 라인 설정이 중요함).

★ 관찰 포인트

1. 인공 조미료를 넣지 않고 만들려는 음식의 맛을 믿을 수 있게 말 하는지?

2. 말하면 알만한 사람들이 먹고, 맛이 좋았다란 것을 믿을 수 있게 얘기하고 있는지?

(예 32) 친구와 함께 뒷산에서 땅을 파다가 값비싼 보물로 추정되는 도자기와 팔찌를 하나 우연히 발견했다. 시가 수천만 원 대의 보물로 보인다.

☞ Tip

1. 도자기와 팔찌를 어떻게 처리할 지 친구와 논의한다 (여러 가지 경우를 설정할 수 있다).

2. 우선 땅 주인이 누군지 알 수는 있는지?

3. 혹시 주변에 누가 있는지?

4. 친구가 감정을 잘할 수 있는지?

5. 어떻게 가져갈 것이며, 어디로 가서 감정을 받을 수 있고 팔 수 있는지?

6. 주인을 찾아서 돌려주려고 하면 어떻게 해야 할지?

★ 관찰 포인트

1. 친구와 어떤 식으로 세밀하게 의논하고 있는지?

2. 논의가 끝나면 어떻게 처리하려고 하며, 과연 그 처리 방법이 매우 타당하고, 논리적이고, 실현 가능한 것인지?

3. 땅에서 뜻밖에 나온 도자기와 팔찌에 대한 상식은 어느 정도인지? (모르면 어떻게 알아내려고 노력하는지?)

4. 정말 귀한 보물인 것처럼 잘 표현하고 있는지?

(예 33) 주차한 차를 빼다가 바로 옆에 주차된 값비싼 외제 차를 살짝 흠집을 냈다. 친구는 그냥 가자고 한다. 사실 무보험에 가진 돈도 없어 난감하다. 하지만 양심에 걸린다.

☞ Tip

1. 어쨌거나 빨리 처리하고 가야 한다. 마침 주변에 사고를 목격한 사람도 없다.

2. 무엇보다 운행한 차가 아빠 차다. 나중에 아빠가 알게 되면 야단 맞을 게 뻔하다.

3. 사고의 유일한 목격자는 친구다. 하지만 친구 말처럼 그냥 사라지고 싶진 않다. 양심상 외제 차의 주인을 찾아 보상해 주고자 한

다. 현명한 갈등과 고민의 표현이 잘 이뤄져야 한다.

4. 5분 이내의 시간으로 놀이를 끝내게 한다.

★ 관찰 포인트

1. 얼마나 양심껏 이 문제를 고민하고 처리하는지?

2. 사고 처리 후의 일까지 생각하고 있는지?

3. 그냥 가자는 친구의 말에 얼마나 자신의 양심 문제를 잘 피력하고 설득하고 있는지?

(예 34) 친구와 함께 길을 가다가 100만 원 짜리 수표를 발견했다.

☞ Tip

1. 우선 100만 원 짜리 수표가 진짜인지?

2. 왜 그 장소에 수표가 있고, 누가 잃어버렸을까에 대한 추리와 상상력을 동원하라.

3. 수표에 대한 자신의 확신과 판단을 어떻게 친구에게 표현할 것인지?

★ 관찰 포인트

1. 가장 중요한 포인트로, 수표를 어떻게 처리하려고 하는지?

2. 수표에 대한 자신의 생각을 얼마나 설득력 있게 친구에게 표현하고 있는지?

3. 수표와 수표 주인에 대한 추리와 상상력이 얼마나 잘 스토리로

설정해 표현하고 있는지?

(예 35) 친구와 영화관 앞에서 실랑이해야 할 상황이다. 오늘은 왠지 슬픈 영화를 보고 싶은데, 친구는 기분이 우울하다며 코미디 영화를 보자고 한다. 더욱이 저질 코미디 영화를 보다간 상영 도중에 나올 것 같다. … 설득을 시작한다.

☞ Tip

1. 왜 슬픈 영화를 보고 싶은지, 자신의 감정 상태와 이유를 충분히 친구에게 피력한다.

2. 친구가 보자는 코미디 영화의 저질스럽고 잘못 만들었다는 정보를 충분히 얘기하고, 자신의 심경을 설명해서 친구의 마음을 바꾸게 해야 한다.

3. 친구가 보자는 코미디 영화의 제작진과 출연자들의 연기, 그리고 이전에 그들이 만든 영화들을 비교 설명하면서 친구의 마음을 돌리게 한다.

4. 자신이 보고 싶은 영화의 특장점과 꼭 보면 얼마나 좋은지에 대한 관점과 예측 평점을 네 가지 이상 댄다.

★ 관찰 포인트

1. 자신의 지금 심경을 친구에게 어필할 때 얼마나 설득력이 있는지?

2. 코미디 영화를 보면 나중에 어떤 반응이 나올 것인지에 대한 예측과 정보를 얼마나 잘 세밀히 표현하고 있는지?

(예 36) 점심을 너무 많이 먹어서 저녁은 간단히 먹고 싶다. 그런데 오늘 생일을 맞은 친구가 오랜만에 푸짐한, 그것도 한정식을 먹고 싶어 한다. 데이트 중이라 말하기가 조심스럽다. 더욱이 내 주머니 사정도 변변치 않고 배도 전혀 안 고프고 난감하다.

☞ Tip
1. 오늘 말고 다음에 한정식을 먹으면 어떤가 설득해 본다.
2. 한정식 말고 친구가 솔깃할 정도의 싸고 좋은 음식을 추천한다.
3. 한정식보다 좀 싸지만 동네의 맛있는 음식을 추천하며 달래보라.
4. 음식이 싸다고 깔보지 말 것을 매우 설득력 있게 얘기한다.

★ 관찰 포인트
1. 친구 생일을 축하해 주면서 싸고 좋은 음식 먹기를 권하며 잘 설명하고 있는지?
2. 한정식이 아닌 다른 음식을 설명할 때 듣는 사람이 군침이 돌게끔 잘 표현하고 있는지?
3. 데이트 상대자가 절대로 실망하지 않게 잘 설득해서 기억에 남을 만한 멋진 생일 식사가 되게 하고 있는지?

(예 37) 엄마가 내 방을 새로운 색으로 도배를 했다. 그런데 문제는 도무지 내 맘에 안 든다. 바꾸고 싶다. 아니면 머리가 돌 것 같다. 설득을 시작한다.

  1. 자신이 가장 싫어하는 색깔임을 강조하여 바꾸게 한다.

  2. 엄마가 선택한 색깔이 얼마나 자신의 정서에 나쁜 영향을 주고
있는지 다섯 가지 예를 들어 설득한다.

★ 관찰 포인트

  1. 엄마의 선택에 무조건 반대하고 있지는 않는지?

  2. 엄마 입장에서 들었을 때 정말 바꿔줘야겠다는 생각이 들게 잘
설득하고 있는지?

  3. 설득하고 있는 진정성이 잘 표현되고 있는지?

(예 38) 중요한 동아리 모임을 가야 하는데, 내가 정말 싫어하는 친구
도 그 모임에 동시에 초대되었다. 그래서 회장에게 그 친구는
제발 초대하지 말아 달라고 설득하는 중이다.

☞ Tip

  1. 특정한 친구가 왜 싫은지 이유 5가지를 댄다.

  2. 그 친구가 나뿐 아니라 다른 친구들한테 어떤 영향을 줄 수 있는
지, 그 이유도 5가지 이상 대며 회장을 설득한다.

★ 관찰 포인트

  1. 5가지 이유를 매우 납득이 가게 설명하고 있는지?

  2. 회장에게 합당한 이유를 말할 때, 얼마나 화술이 뛰어난지?

(예 39) 친구가 고장 난 TV를 고치려고 난리다. 근데 오늘 꼭 보고 싶은 생방송이 5분 후에 있다. 빨리 고쳐야 볼 수 있다.

☞ Tip

1. 어디가 고장이 났고, 뭐가 문제인지? 친구가 정확히 알고 있는지 요점을 빨리 파악한다.

2. 5분 후에 봐야 할 생방송이 얼마나 중요한지 친구에게 간곡히 말한다.

3. 만약 5분이 지나도 못 고치면 어떤 방법으로 생방송을 볼 수 있을지 생각해 낸다 (인터넷, 스마트 폰 등).

★ 관찰 포인트

1. 봐야 할 생방송을 정말 중요하게 표현하고 있는지?

2. 고장 난 TV의 문제점을 얼마나 잘 알고 친구에게 부탁하는지, 또 친구는 고장 난 곳을 고치는데, 얼마나 자신 있어 하는지?

(예 40) 꿈에 그리던 프랑스 파리에 온 지 이틀째다. 근데 내일 돌아가야 한다. 하루만이라도 더 있고 싶다. 더 있자고 아빠를 조른다.

☞ Tip

1 파리에 더 있어야 하는 이유를 4가지 이상을 들며 도저히 아빠가 거절할 수 없게 만든다.

2. 아빠를 설득하기 힘들면 마지막 수단으로 협박까지 해본다.

★ 관찰 포인트
1. 파리에 더 머물러야 하는 이유가 타당성이 있는지?
2. 협박조로 말하는 기술이 얼마나 거절할 수 없게 만드는지?

(예 41) 등뼈를 다쳤는데 의사가 엄청 긴 주삿바늘로 등에 주사를 놓겠다고 하며, 매우 아프지만 움직이지 말고 꾹 참으라고 한다. 도저히 참을 수 없다. 그래서 복용약으로 바꿔 달라고 간청한다. 하지만 의사는 이 요청을 완강히 거부한다.

☞ Tip
1. 주사제 대신 복용할 수 있는 약을 왜 주장하는지, 그 이유를 아주 설득력 있게 말한다.
2. 치료 기간이 오래 걸려도 복용약이 치료에 좋은 이유를 5가지 이상 댄다 (전에 있었던 경험이나 다른 사람한테 들은 신빙성 있는 이야기 등).

★ 관찰 포인트
1. 주사제를 피하고자 하는 이유가 얼마나 간절하며, 설득력을 갖추고 있는지?
2. 복용약을 선택하는 매우 중요한 이유를 의사 입장에서 이해하고 받아들일 수 있는지?

(예 42) 농구 시합에서 우리 팀이 지고 있다. 그것도 1점 차이다. 자신이 출전하면 남은 10초 안에 골을 넣을 수 있다는 확신이 선다. 마침 작전타임이다. 감독에게 출전시켜 달라고 애걸한다.

☞ Tip

1. 자신이 생각하는 전략을 감독에게 설득력 있게 3가지 이상으로 어필해 본다.
2. 왜 자신이 출전하면 이길 수 있는지, 매우 치밀한 전략 아이디어와 함께 빨리 어필한다.
3. 상대 선수가 왜 자신을 막지 못할 것인지, 그 이유와 전략은?

★ 관찰 포인트

1. 골을 넣을 수 있는 전략인지?
2. 어필하는 작전이 납득이 가는지?
3. 감독으로 하여금 믿을 수 있게 어필하고 있는지?

(예 43) 배가 몹시 고팠다. 그래서 레스토랑에서 스테이크를 미디움으로 주문했는데 막상 나온 것은 너무 덜 익힌 것이다. 그래서 웨이터에게 얘기했더니 막무가내다. 웨이터는 분명 미디움이라는 것이다. 하지만 나는 도저히 먹을 수가 없다.

1. 스테이크를 다시 만들어 달라고 웨이터에게 주문한다.
2. 처음 주문했던 것을 다시 웨이터에게 환기시켜 다시 만들어 오게 한다.
3. 그래도 만일 웨이터가 거절하면 주문을 취소한다고 얘기한다.

★ 관찰 포인트

1. 앞에 놓인 스테이크는 미디움이 아니란 걸 분명히 조목조목 잘 밝히고 있는지?
2. 미디움이 아니란 걸 설득력 있게 논리적으로 잘 설명하고 있는지?
3. 웨이터에게 협박이 아닌 타당성을 근거로 피력하며 표현하고 있는지?

(예 44) 매우 크고 바쁜 식당에서 친구들과 식사를 마치고 계산을 하려고 보니 음식값이 생각한 것보다 4배나 많이 나왔다. 따져 물으니 종업원은 그럴리 없다면서 자기가 맞다고 주장한다. 그런데 식탁은 이미 깨끗이 치웠고, 종업원은 기억을 못한다. 여하튼 자신이 먹은 음식을 증명해야 할 상황이다.

☞ Tip

1. 함께 식사한 사람들의 인원수를 들어가며 따진다.
2. 별도로 음식이나 음료수를 주문한 적도 없다고 말한다.
3. 옆 테이블로 잘못 알고 계산한 것 아니냐고 따진다.

4. 식당에 손님이 너무 많아 종업원이 잘못 알고 계산하고 있는 것임을 논리적으로 어필한다.

5. 자신이 생각하는 음식값을 매우 타당성 있게 따져 얘기한다.

★ 관찰 포인트

1. 종업원이 잘못 계산했다는 증거를 논리적으로 확실히 피력하고 있는지?

2. 계산서가 터무니없이 4배가 된 이유를 잘 표현하고 있는지?

3. 정말 타협이 안 될 시, 어떻게 마무리할 것인지?

(예 45) 경찰이 신호 위반을 했다면서 차를 세웠다. 그러나 분명히 빨간 불이 켜지기 전에 지나갔다고 난 생각한다. 경찰은 절대 아니라며 자신이 봤다고 극구 주장한다. 범칙금도 문제지만 이번엔 벌점이 높아 자칫 면허 정지가 될 수도 있다.

☞ Tip

1. 어떻게든 신호 위반 스티커를 받지 말아야 한다.

2. 경찰의 실수인 점을 4가지 이상 사례를 들어 어필한다.

3. 무슨 수를 써서라도 모면할 방법을 찾아야 한다.

★ 관찰 포인트

1. 경찰을 잘 설득하고 있는지?

2. 면허 정지 때문이 아니고 정당하다는 걸 잘 피력하고 있는지?

(예 46) 한적한 길가에 주차했는데 실수로 열쇠를 차 안에 넣고 잠궈 긴 철사로 문을 따고 있는 중이다. 그때 지나가던 순찰차에서 경찰이 나를 차량 절도범으로 오인하고 있다. 아빠 차임을 증명해야 하는데 지갑도 핸드폰도 모두 차 안에 있다.

☞ Tip

1. 분명히 아빠 차임을 증명한다.
2. 분명히 차 도둑이 아님도 증명한다.
3. 무슨 일이 있었는지, 설득력 있게 경찰에게 설명한다.

★ 관찰 포인트

1. 자신이 도둑이 아님을 잘 피력하고 있는지? (정황설명, 자신에 대한 설명 등)
2. 정작 차주인인 아빠가 어디에 있고, 또 뭘하고 있는지, 또 왜 이렇게 됐는지에 대한 설명을 잘하고 있는지?
3. 경찰이 그래도 못 믿으면 최후의 방법은 무엇인지?

(예 47) 분명 UFO 같은 걸 봤다. 그런데 아무도 믿어주질 않는다. 오히려 미친 사람 취급한다. 그래서 마지막으로 비행물체 전문가 앞에서 설명을 하고 있다.

1. 언제, 어디서 UFO를 봤는지?
2. 자신이 본 물체가 분명 UFO라는 점을 7가지 이상의 예를 들어 설명한다.

★ 관찰 포인트

1. UFO를 본 곳과 본 시점에 대해 일말의 의혹 없이 잘 설명하고 있는지?
2. 정말 UFO인가?
3. UFO에 대한 확신이 얼마나 있는지?

(예 48) 최근 사랑에 빠진 동생이 내 방에 와서 이성에 관한 진솔한 자문을 듣기를 원한다. 그러나 동생 얘길 듣고 보니 적극적으로 무슨 구실을 붙여서라도 이 교제를 말리고 싶다.

☞ Tip

1. 동생이 사귀는 사람에 대해, 만나선 안되는 자신의 생각을 10가지 이상, 매우 설득력 있게 말해 준다.
2. 지금 사귀는 사람 말고, 다른 이성에 대한 좋은 조건과 사람에 대한 얘기를 역시 10가지 이상의 예를 들어 말해 준다.

★ 관찰 포인트

1. 동생이 만나는 이성에 대한 잘못된 만남에 대해 정말 치밀하게

생각해서 말하고 있는지?

2. 이성 교제와 만남에 대한 대책이 매우 솔깃하고 납득이 가게 얘기해 주고 있는지?

(예 49) 내일 환갑을 맞는 어머니를 위해 무슨 선물을 사 드릴까를 동생과 의논 중이다. 동생은 신발을 사 드리자고 하는데 난 돈이 좀 더 들더라도 반지를 사 드리고 싶다.

☞ Tip

1. 환갑인데 돈을 좀 더 보태서 반지를 사 드리는 게 환갑을 맞은 어머니 생신에 적합하고 오래 기억에 남지 않겠느냐고 동생을 적극적으로 설득한다.

2. 동생이 지금 돈이 없어 그러는 거면, 나중에 갚으라고 해 본다.

3. 이제껏 생신 때 변변히 기억될만한 선물도 못 해 드렸는데, 이번엔 신경 좀 쓰자고 강력히 건의한다.

★ 관찰 포인트

1. 동생 설득에 얼마나 진정성과 간절함이 있는지?

2. 동생이 승낙할 수밖에 없도록 자식의 도리를 들어가며 잘 얘기하고 있는지?

(예 50) 길을 가다가 지난 15년 동안 찾고 있었던 초등학교 동창생을 본 것 같아 말을 걸어본다.

☞ Tip

　1. 분명 초등학교 동창이고 15년간 찾던 친구다. 그 친구가 확실하다는 입증을 7가지 이상 들어가며 얘기한다.

　2. 같이 다니던 학교 이름은 물론, 동창의 부모·형제, 살던 집 등을 상세히 열거한다.

　3. 동창임을 입증할 만한 결정적 단서를 기억을 끄집어내서 말한다.

★ 관찰 포인트

　1. 정말 동창이고 15년 동안 찾고 있었던 사유를 잘 표현하고 있는지?

　2. 정말로 동창이라는 확신이 얼마나 있는지?

　3. 초등학생 시절의 기억이 얼마나 선명하게 열거되고 있는지?

(예 51) 아침에 집 앞을 나와 보니 쓰레기가 놓여있다. 분명 옆집 사람이 버린 것 같다. 그때 마침 옆집 사람이 나온다.

☞ Tip

　1. 쓰레기가 자신의 집에서 나온 것이 아님을 상세히 입증해 본다.

　2. 쓰레기를 일일이 뒤집어 놓고 자신이 버린 것이 아님을 설명한다.

　3. 2~3일간 쓰레기를 버린 적이 없다고 설명한다.

★ 관찰 포인트

　1. 정말 자신의 쓰레기가 아님을 어떻게 표현하고 있는지?

2. 옆집 쓰레기임을 어떻게 입증할 것인지?

(예 52) 할머니가 손에 무거운 쇼핑백을 서너 개나 들고 횡단보도를 건넌다. 도와주려고 하니까 갑자기 "소매치기야!" 하고 소리 소리 지른다. 사람들이 모여들었다. 좀 이따가 경찰까지 왔다.

☞ Tip
1. 할머니를 진심으로 도와주려고 한 것뿐이란 사실을 절절히 표현하라.
2. 하늘에 맹세코 절도범이 아니고, 또한 할머니 물건을 훔치려고 한 것이 아님을 할머니는 물론, 주변 사람들과 경찰에게 논리 정연하게 설명한다.

★ 관찰 포인트
1. 할머니에게 진정으로 호의를 베풀려고 했다는 표현을 진실하게 하고 있는지?
2. 결코 범인이 아님을 어떤 방식으로 해명하고 있는지?

(예 53) 정말 모처럼 가족들과 3박 4일 일정으로 여행을 가기로 했다. 그런데 다들 제주도를 가자고 한다. 하지만 이 정도면 일본을 가는 게 낫다고 생각한다. 사실은 정말 일본을 가보고 싶다. 적극적으로 설득해야 한다.

1. 경제적인 이유를 들어 제주도나 일본 여행이 거의 비슷하고, 더욱이 일본은 국외 여행이란 점을 들어 강력히 일본으로 가자고 권유한다.
2. 왜 일본 여행이 제주도보다 낫고 좋은지, 그 사례를 10가지 이상 든다.
3. 지금이 일본 여행에 최고 적기임을 역시 10가지 이상 들어가며 설득한다.

★ 관찰 포인트

1. 일본 여행을 가자는 설득을 정말 가고 싶게 표현하고 있는지?
2. 갔다 와서 후회하지 않게 일본 여행에 대해 얘기하고 있는지?
3. 두 여행지에 대한 비교가 정말 설득력이 있게 표현되고 있는지?

(예 54) 애완견을 기르고 싶어 진돗개를 사려고 한다. 그런데 아빠는 개는 싫다면서, 고양이를 사자고 하신다. 난 고양이는 질색이다. 꼭 진돗개를 사고 싶다. 어떻게든 아빠를 졸라 목적을 달성하고 싶다.

☞ Tip

1. 고양이보다 개를 키우면 좋은 점을 10가지를 들어 설득한다.
2. 진돗개의 장점을 10가지 이상 들어가며 설득한다.
3. 고양이의 가장 나쁜 단점을 10가지 이상 들어가며 설명한다.

★ 관찰 포인트

1. 고양이의 나쁜 점이 정말 설득력이 있는지?

2. 고양이와 개의 비교가 얼마나 객관성이 있으며 통계적인지?

3. 동물학적 관점에서 고양이와 개의 장단점을 잘 표현하고 있는지?

(예 55) 친구와 산속에서 텐트를 치고 야영을 하고 있다. 밤 12시쯤 돼
서 자려고 누웠는데 밖에서 무슨 짐승의 울음소리가 들린다. 무
섭다. 절대 나가고 싶지 않다. 어쨌거나 친구를 내 보내야 한다.

☞ Tip

1. 자신이 왜 나갈 수 없는지, 겁쟁이처럼 안 보이게 잘 설득한다.

2. 친구가 나가야만 하는 이유를 5가지 들어 나가게 만든다.

3. 친구가 나갔다 오면 어떤 보상을 할건지, …설득해 본다.

★ 관찰 포인트

1. 친구를 잘 꼬드기고 설득하고 있는지?

2. 친구가 나가지 않으면 안 되게 유도하고 있는지?

3. 정말 친구가 밖에 나갔다 와도 괜찮고, 뭐가 좋은지를 창의성 있게
잘 설득하고 있는지?

(예 56) 미용실에 갔다. 미용사가 머리 자르는 게 도대체 맘에 안 든다.
할 수 없이 이렇게 저렇게 깎아 달라고 부탁을 한다. 그래도 맘
에 안 든다. 머리는 이미 반 정도 깎았다.

☞ Tip

1. 할 수 없이 이미 자른 머리지만, 그래도 맘에 들게 설명한다.
2. 미용사가 자신의 얼굴과 신체에 맞게 창의적으로 다시 재창조할 수 있게, 마치 헤어스타일리스트처럼 창의적으로 건의한다.

★ 관찰 포인트

1. 어색한 머리를 다시 맘에 들게 하기 위한 아이디어가 얼마나 창의적인지?
2. 이미 자른 머리 모양과 자신의 아이디어가 얼마나 다르며, 이제 다시 멋지게 머리를 만들기 위한 창의적 생각이 얼마나 미용사를 객관적으로 설득하고 있는지?
3. 만일 다시 머리를 망치게 되면 자신이 어떤 감정일지를 잘 표현하고 있는지?

(예 57) 간밤에 잠을 잘 못 잤는지 목이 뻣뻣하다. 그래서 친구한테 좀 주물러 달랬는데, 어찌된 건지 목을 거의 움직일 수가 없게 됐다. 짜증도 나고 너무 아프다.

☞ Tip

1. 친구의 호의는 고맙지만 너무 아픈다고 호소한다.
2. 정확히 아픈 곳을 일러주고 아픈 정도와 증상을 알려준다.
3. 조금 있으면 중요한 모임에 가야 한다.

  1. 정말 아픈 표현을 잘하고 있는지?
  2. 어떻게 하면 회복할 수 있는지에 대한 자신의 진단 방법은?

(예 58) 늦은 밤 택시를 타려고 손을 들었는데 다른 사람이 자기가 세웠다고 우긴다. 기가 막히다. 택시 잡기가 어려운데다 지금 집에 들어가지 않으면 아버지한테 호되게 야단 맞을 참이다.

☞ Tip
  1. 언제부터 차를 잡으려고 서 있었는지, 분명히 자기가 먼저 손을 들어 차를 세웠다고 주장한다.
  2. 끝내 택시 운전사에게 물어보라고 권한다. 그러나 절대 이번만은 놓쳐서는 안 된다.
  3. 먼저 잡았다고 증명하고 설득할 수 있는, 어떤 다른 수단과 방법이 있을지 생각해 보라.

★ 관찰 포인트
  1. 분명 먼저 택시를 잡았다고 증명할 만한 표현을 하고 있는지?
  2. 반드시 이번 택시는 놓치지 않으려는 의지가 충만한지?
  3. 반드시 이 택시를 타기 위한 창의적인 아이디어가 있는지?

(예 59) 평소 좋아하는 사람을 오늘 또 지하철 타는 데서 만났다. 이렇

게 만난 지 벌써 6개월이 넘었다. 오늘은 정말 좋아한다고 고백하고 열성을 다해 사귀고 싶다.

☞ Tip

1. 지난 6개월간 상대방을 지켜보며 정말 좋아해 왔다고 진솔하게 고백한다.

2. 상대방의 어떤 점을 정말 좋아하게 됐는지, 좋아한 점을 7가지 상세하게 얘기한다.

3. 앞으로 만나게 되면 자신이 어떻게 열정을 다해 사귀고 싶다는 점을 보통과 다르게 매우 색다르게 표현해 본다.

★ 관찰 포인트

1. 정말 관심이 얼마나 있었고, 진중하게 상대방을 얼마나 관찰해 왔는지?

2. 정말 상대방을 좋아하는지? 뭘, 얼마나 좋아하는지에 대한 표현이 간절한지?

3. 앞으로 계속 사귀게 되면 어떻게 할 것인지에 대한 창의적 표현이 얼마나 있는지?

(예 60) 알바로 설문조사를 해야 하는데 오늘 실적이 형편없다. 겨우 두 사람을 했을 뿐이다. 그런데 멋지게 생긴 사람이 있어 설문조사는 물론 데이트 신청도 해 보고 싶다.

☞ Tip

1. 우선 설문조사가 목적인 양 다가가고 동시에 상대방에 대한 특별한 관심사를 잘 얘기해 본다.
2. 설문도 잘 받아내고, 동시에 앞으로 계속 만나고 싶다는 프러포즈를 어떤 방식으로 하면 상대방이 좋아할지 빈틈 없이 접근해서 성공해 내야 한다.
3. 이제껏 본 사람 중에 자기가 가장 좋아할 타입임을 진정으로 피력한다.

★ 관찰 포인트

1. 진정성이 얼마나 있는지?
2. 상대방에 대한 좋은 감정을 얼마나 잘 표현하고 있는지?

(예 61) 정말 좋아하는 연예인을 우연히 행사장에서 만났다. 열렬한 팬이다. 그리고 이번 기회를 통해 자주 만나고 사귀고 싶다. 적극적으로 대시해 본다.

☞ Tip

1. 어떤 연예인보다 정말 좋아하는 팬임을 어필한다.
2. 연예인 이전에 인간적으로 정말 좋아하고, 앞으로 개인적으로도 만나고 싶다는 점을 최대한 건의해서 거절하지 못하도록 한다.
3. 정말 오래전부터 팬이었던 점과 어떤 점을 특별히 좋아했다는 것을 일일이 어필한다.

★ 관찰 포인트

1. 무엇 때문에 진정한 팬이 되었는지에 대한 진정성이 잘 표현되고 있는지?

2. 연예인 이전에 인간적으로 좋아한다는 점이 잘 표현되고 있는지?

3. 까다로운 연예인을 설득하는 특별한 전략과 방법이 잘 표현되고 있는지?

(예 62) 시험 보는 날 아침에 늦어서 허둥지둥 준비물을 챙기는데, 아무리 찾아도 수험표가 없다.

☞ Tip

1. 수험표를 어디에다 뒀는지 기억을 더듬으며 가족들에게 말한다.
2. 수험표의 색깔, 모양 등을 상세히 기억해 내서 말한다.
3. 수험표를 받고 난 다음의 동선을 더듬어 기억해 낸다.

★ 관찰 포인트

1. 수험표를 놓아둔 곳에 대한 추리력과 기억력에 대한 상세한 표현이 잘 이뤄지고 있는지?
2. 가족한테 얼마나 많은 도움을 청하고 있는지?

(예 63) 피곤해 하품을 하다가 턱이 빠졌다. 몹시 아프다.

☞ Tip

1. 빠진 턱을 다시 원위치로 돌려보려고 부지런히 노력한다.
2. 너무 아파 우선 아는 의사에게 전화해 방법을 알려달라고 하고 고쳐본다.

★ 관찰 포인트

1. 아픈 표현을 잘하고 있는지?
2. 매우 세밀하게 아픔에 대한 표현을 잘하고 있는지?
3. 마지막 수단과 방법은 어떻게 처리하는지?

(예 64) 다 마무리한 과제를 보며 흡족해 하는데, 커피를 마시다가 과제물에 커피를 쏟았다. 과제량이 엄청 많아서 다시 하기 어렵다. 또한, 내일 아침까지 과제물을 제출해야 된다.

☞ Tip

1. 쏟은 커피를 없애는 방법을 표현한다.
2. 과제를 다시 하자니 막막하다. 밤을 꼬박 세워도 못할 판인데, 감쪽같이 커피 자국을 없애는 방법을 고안해 낸다.

★ 관찰 포인트

1. 커피 자국을 없애는 방법이 절묘한지?
2. 아니면 다른 방법을 창의적으로 생각해서 해결할 것 같은지?

(예 65) 화가 나서 의자에 앉았는데, 의자에 씹다버린 껌이 있었다. 옷도 오늘 새로 입은 것이다. 더욱이 좀 이따가 중요한 모임에 참석해야 한다.

☞ Tip

1. 정말 짜증나는데, 우선 껌을 제거할 수 있는 방법을 생각해 본다.
2. 껌을 손으로 떼 내는 방법이 우선 생각나는 것인데, 누군가의 도움이 절대 필요하고 어떤 방법이 있는지 표현해 본다.

★ 관찰 포인트

1. 껌 제거 방법이 얼마나 효과적인지?
2. 제거하는 방법을 얼마나 창의적 아이디어로 표현하고 있는지?

(예 66) 지하철이다. 사람들이 많이 탄 퇴근 시간이다. 사람들 사이로 소매치기를 하는 사람이 보인다. 그와 눈이 마주쳤다. 그는 위협적인 눈빛으로 날 쳐다본다. 겁이 나지만, 그래도 의협심이 생긴다.

☞ Tip

1. 우선 소매치기가 있다고 소리쳐 본다.
2. 아니면 조용히 소매치기범 옆으로 가서 하지 말라고 싸인을 교환해 본다.
3. 위험에 대비해 핸드폰으로 경찰이나 지하철경찰대에 우선 신고

한다.

★ 관찰 포인트
1. 소매치기라는 확실한 증거를 대고 있는지?
2. 위험을 무릅쓰고 얼마나 현명하게 대처하고 창의적으로 일 처리를 하고 있는지?

(예 67) 혼자서 바삐 길을 가고 있는데 누군가가 뒤에서 달려와 친한 척을 한다. 하지만 나는 전혀 모르는 사람이다. 더군다나 곧 중요한 약속이 있다.

☞ Tip
1. 상대방에 누를 끼치지 않게 전혀 모른다는 걸 인지시킨다.
2. 아무리 생각해도 모르는 사람이다.
3. 비슷한 사람은 얼마든지 많이 있음을 주지시킨다.
4. 지금 가던 길을 빨리 가야 한다. 중요한 약속이 있음을 설명한다.

★ 관찰 포인트
1. 정말 진심으로 모른다고 얘기하고 있는지?
2. 얼마나 바삐 가야 하는지에 대한 표현은?

(예 68) 사진작가다. 길을 걷다가 오랜만에 정말 원하던 대상을 찾았다.

1. 반드시 그 대상에게 시간을 좀 내서 사진을 찍을 수 있게 권유한다.

2. 왜 상대방이 내가 찾고 있는 모델감인지, 5가지 이상을 세세하게 설명한다.

3. 사진을 찍고 난 뒤에 어떤 용도로 쓰일 것이며, 후에 사례는 어떻게 할 것인지를 얘기한다.

★ 관찰 포인트

1. 정말 그동안 찾고 있던 모델인가?

2. 사진의 용도에 대한 설명이, 얼마나 창의성과 진실성이 있는지?

3장
연극 놀이 공연의 예

1. 이제 공연예술을 통한 연극 놀이의 마지막 사례로, 공연할 수 있는 대본을 수록했다. (반드시 공연이 아니더라도 오픈 클래스나 워크숍 정도의 의미를 갖는 형식의 발표도 좋을 듯하다.)

2. 이 대본들은 희곡 대본으로 문학성뿐만 아니라 음악, 무대 미술, 의상, 소품 등에 이르기까지 청소년들은 물론 교육 연극 단체, 전문 연극 단체 모두가 함께 참여해서 총체적 예술 교육의 일환으로 만들 수 있는 작품들이다.

3. 공연 시간은 한 시간 내외의 작품으로 청소년들이 한 학기 동안 수업시간이나 방과 후에 두 시간씩이라도 연습을 하면, 매우 바람직한 상상력과 창의성이 충분히 반영되는 멋진 공연작품이 탄생하리라 확신한다.

4. 발표나 공연하는 장소도 교실이나 강당 등 어느 곳에서나 할 수 있도록 탄력 있는 사고의 발상이 중요하다. 그리고 다분히 지도 교사의 단독 연출보다 참가하는 청소년 모두가 연습부터 공연까지 의견을 함께 나누고, 함께 만드는 '공동 창작'의 개념으로 진행한다면, 진정한 의미의 창의적 공연예술 교육이 될 것이라 믿는다.

〈공연 1〉

- 청소년을 위한 우리의 이야기 -

흥부전

각색 장두이

- 출연 -

해설자
흥부
흥부아내
흥부아이들 1, 2, 3, 4, 5, 6 …
놀부
놀부아내
제비(흥부제비/놀부제비)
제비왕국 여왕
도깨비
뮤지션들(밴드)

- 무대 -

무대엔

우리의 전통 판소리처럼 달랑 병풍 하나.

무대 바닥엔 둥그런 볏짚 멍석이 깔려있다.

거의 모든 연기는 이 멍석 안에서 이뤄지며,

경우에 따라 멍석 밖에서도 이뤄진다.

무대 하수 앞에 해설자가 있고,

상수 쪽엔 뮤지션이 자리 잡고 있다.

(음악은 음향까지 포함해서 라이브로 연주된다.)

〈오프닝 음악이 흐르는 가운데〉

해설자 : 여러분 안녕하세요?

옛날 아주 먼 옛날에

조용한 산간 마을에 흥부, 놀부란 두 형제가 살고 있었습니다.

어려서부터 동생 흥부는 착했지만,

놀부는 욕심 많고 심술궂은 못된 형이었습니다.

그러던 어느 날…

놀부 : 흥부야! 흥부야!

흥부 : 네, 형님! 부르셨어요?

놀부 : 내 집에서 당장 나가!

흥부 : 네? 형님! 어디로 나가란 말이니까?

놀부 : 내 알 바 아니지. 어서 나가!

해설자 : 흥부는 어쩔 수 없이 가족을 데리고 집을 나섰습니다. 그 뒤를 아들딸 열셋이 쫄래쫄래 따라나섰지요.

흥부는 산 밑에 집을 짓기 시작했어요. 나무, 수숫대, 대나무 등으로 지은 집은 누우면 발이 집 밖으로 나오고, 벌떡 일어서면 목이 집 위로 쑥 나오는 그런 집이었어요.

더구나 밤이면 지붕 틈으로 반짝이는 별이 보였어요.
흥부아내가 걱정이 돼서 말을 꺼냈어요.

흥부아내 : 비가 오면 어쩌죠? 겨울에 눈 오고 바람이 불면요?

흥부 : 오늘은 맑으니 비 걱정 말고…
　　　겨울이 오려면 몇 달 더 있어야 하니 걱정 말아요.
　　　옛 말에…

아이들 : 하늘이 무너져도 솟아날 구멍은 있다.

해설자 : 그렇게 며칠을 굶은 흥부가 형 놀부를 찾아갔어요.

흥부 : 형님! 애들이 배가 고파 우는데, 밥 조금만 주세요.

놀부 : 이놈아! 너한테 줄 밥이 어딨어? 우리도 굶고 있는데….

해설자 : 놀부는 몽둥이로 흥부를 두들겨 패서 내쫓았어요.
　　　쫓겨 나오던 흥부는 부엌에서 풍기는 밥 냄새를 맡고 부엌으
　　　로 들어갔어요.
　　　그러자 부엌에서 저녁밥을 짓고 있던 놀부아내가…

놀부아내 : 여기가 어디라구 함부로 들어와!

(과장되게 만든 커다란 주걱으로 때린다)

해설자 : 밥 푸던 주걱으로 흥부의 뺨을 때렸어요. 얼떨결에 얻어맞은
흥부는 아픈 것보다 뺨에 붙은 밥풀을 배고파서 연신 떼어먹
으며 말했지요.

흥부 : 형수님, 한 번 더 때려주세요!

놀부아내 : 뭐야? 썩 나가지 못해!

(커다란 부지깽이로 때린다)

해설자 : 놀부아내는 부지깽이로 흥부를 때리며 내쫓았어요.
놀부 집에서 기르는 개들도 덩달아 짖어대기 시작했죠.
(개소리 연기한다)

해설자 : 세월이 흘러 어느덧 봄이 되었습니다.
(새소리 연기)
흥부네 집에도 제비 한 쌍이 날아와 둥지를 틀고 새끼를 낳았
지요.
(새소리)
그러던 어느 날,
구렁이 한 마리가 새끼 제비를 잡아먹으려고 벽을 타고 기어
올라가고 있었어요.

흥부의 막내딸이 그걸 발견했지요!

〈음악 #1〉

흥부아이들 : 엄마! 뱀이다! 어떡해! 무서워!

해설자 : 깜짝 놀란 흥부가 얼른 빗자루로 뱀을 쫓았어요.
　　　　그런데 새끼 제비가 그만 둥지에서 떨어져 다리를 다치고 말
　　　　았지 뭡니까!

흥부 : 아이구 불쌍도 해라!

아이들1,2,3,4,5 : 어떡해? 불쌍해라! 아프겠다.

해설자 : 흥부 가족은 부러진 새끼 제비의 다리를 정성껏 고쳐주었어요.

흥부 : 봐라! 제비가 이제 걷는구나.

흥부딸1 : 정말!

흥부아들1 : 근데 다리를 절어요.

흥부딸2 : 아직 다 안 나았나 봐!

흥부아들2 : 불편한가?

흥부아내 : 저게 다 나은 거란다.

흥부딸3 : 불쌍해!

해설자 : 그렇게 가을이 됐어요.
　　　　　제비가 따뜻한 강남으로 떠날 때가 됐지요.
　　　　　제비가 흥부 가족들에게 작별 인사를 하는 거예요.

제비 : 안녕! 그동안 보살펴 주셔서 정말 고맙습니다.
　　　　이제 저희 제비왕국에서 겨울을 보내고 내년 봄에 다시 올게요.
　　　　모두 안녕히 계세요.

흥부딸4 : (훌쩍거리며 울면서) 안녕! 보고 싶을 거야!

흥부아들3 : 나두…!

모두 : 안~녕!

〈음악 #2와 함께 제비왕국이 된다〉

해설자 : 남쪽 나라 제비왕국에 도착한 흥부네 제비는 제비 여왕에게
　　　　　인사를 드리게 됐습니다.

제비 여왕 : 너는 어찌하여 다리를 저느냐? 어디 다쳤느냐?

해설자 : 그러자 흥부네 제비는 흥부 집에서 일어났던 일들을 얘기하
기 시작했어요.

〈음악 #3과 함께, 모두 모여 제비 말을 무언으로 듣는 연기를 한다〉

제비 여왕 : 참으로 착한 사람이구나.
내가 은혜에 보답하는 이 '보은씨'를 줄 테니,
내년에 가서 꼭 전해 주거라.

흥부제비 : 감사합니다.

〈세월이 흐른 음악 #4〉

해설자 : 추운 겨울이 지나고, 다시 따듯한 봄이 찾아왔어요.
흥부네 가족들은 봄을 맞아 집 앞에 있는 밭을 갈고 있었죠.
그때 제비가 날아왔어요.

흥부아들4 : 봐! 제비다!

흥부딸5 : 정말!

흥부아내 : 작년에 우리 집에 있던 그 제비다!

흥부아들5 : 맞아! 그 제비야!

흥부딸6 : 제비야! 안녕?

흥부 : 맞다! 그 제비야. 고개를 끄덕 끄덕 하잖니!

흥부아들6 : 건강해 보여요!

흥부딸 : 근데 입에 뭘 물었어!

흥부아내 : 그러네…

흥부아들1 : 떨어뜨렸다!

해설자 : 제비가 떨어뜨린 건 바로 제비 여왕이 준 '보은씨'였어요.

흥부딸1 : (씨를 주워서 살펴보며) 이게 뭐지?

제비 : 작년에 내 다리를 고쳐줘서 고맙다고 주는 선물이야.

흥부아들2 : 선물이래!

제비 : 저 담 밑에 심으세요.

흥부 : 호박씨구나!

흥부아내 : 고마워라!

흥부딸2 : 제비야, 고마워!

제비 : 천만에… 안녕!

흥부아들3 : 어? 제비가 그냥 가요!

흥부아내 : 제비 나라로 가는 거겠지.

흥부딸3 : 아이, 같이 있으면 좋을 텐데! … (울며) 제비야, 안녕!

흥부아들4 : 제비야, 안녕… 또 봐!

해설자 : 흥부가족은 제비가 일러준 대로 담장 옆에다 씨를 심었어요.
　　　　며칠 후…

모두 : 싹이 나고…

해설자 : 또 얼마 지나…

모두 : 순이 자라고…

해설자 : 이어서 마디마디…

모두 : 잎이 나고…

해설자 : 줄기마다…

모두 : 꽃이 피고…

해설자 : 주먹만 한 박이…

모두 : 머리만 해지더니…

해설자 : 보름달만 해지고…
　　　　마침내…

모두 : 두 사람이 들어도 힘들 커다란 호박이 열렸어요!!!

흥부아내 : 여보, 추석인데 우리 호박이나 타서 먹읍시다.

흥부 : 그럽시다. 얘들아! 톱 좀 가져와라. 호박이나 먹자.

애들 모두 : 좋아요!

〈음악 #5〉

모두 : 슬근슬근 톱질이야
      당기어라 톱질이야
      너두 부자 나두 부자
      우리모두 부자되네
      슬근슬근슬근슬근
      슬근슬근슬근슬근
      씩삭씩삭씩삭씩
      뚝…딱…!

(박이 두 쪽으로 쫘악 갈라진다)

아이들 : 와! / 돈이다! / 쌀이다! / 금이다! / 보물이 나왔다!
      우린 이제 부자다! / 부자가 됐어!

해설자 : 흥부가 부자가 됐다는 소문에 심술이 난 놀부는 가만히 있을
      수가 없었죠.
      놀부는 허둥지둥 흥부 집을 찾아갔습니다.

놀부 : 흥부야! 흥부야!

(강아지 짖는 소리)

흥부아내 : 얘들아, 밖에 누가 왔나 보다. 나가 봐라!

흥부딸4 : 네…

(대문 구멍으로 내다보더니)

흥부아들5 : 지나가는 거진가 봐요!

놀부 : 뭐… 뭐? 거지? (큰소리로) 야, 이놈. 흥부야! 나, 놀부다.
　　　어서 문 열어! 문 열어라!
　　　(발로 문을 걷어차는 음향)

흥부 : 아이구 형님! 이게 웬일이십니까? 어서 들어오세요!

해설자 : 흥부 집을 보면서 놀부는 눈이 휘둥그레졌지요.

놀부 : 이 으리으리한 재산을 다 어디서 훔친 거냐? 응?
　　　어서 말하지 못해?

흥부 : 훔치다니요? 형님!

흥부딸5 : 큰아버지처럼 훔친 게 아니구요,

흥부아들6 : 저희 집에 살던 제비의 다리가 부러져서 고쳐줬는데,

놀부 : 그런데?

흥부 : 그 제비가 준 호박씨 하나를 주워서 심었더니, 이런 보물들이 쏟아져 나왔지 뭡니까!

놀부 : 호! 호! 호! 호박씨?

해설자 : 그 말을 들은 놀부는 두 말 안 하고 벌떡 일어나 집으로 달려 왔습니다.

놀부 : 이봐, 마누라! 마누라!

놀부아내 : 왜요? 왜 이렇게 난리예요 난리가! 호떡집에 불났나?

놀부 : 잔말 말고 어서 몽둥이 하나 가져와!

놀부아내 : 몽둥이요! 무슨 몽둥이?

놀부 : 몽둥이가 몽둥이지 뭐야! 그냥 몽둥이….

놀부아내 : 알았어요!

해설자 : 몽둥이를 든 놀부는 처마 밑에 있는 제비의 다리를 '똑' 분질 렀지 뭡니까.

놀부 : (제비 다리를 고쳐주며)

　　　　내년에 꼬~옥 호박씨 하나 갖다 주렴? 응? 자, 가! 어서 가! 날아

　　　　봐! 어서! 옳지! 잘 나는구나! 내년에 꼬~옥 보자! 안녕~!

해설자 : 불쌍한 제비였습니다.

　　　　다음 해 봄에 놀부네 제비도 어김없이 씨를 물고 나타났습니다.

놀부 : 왔다! 왔어! 기다리고 기다리던 제비가 왔어.

놀부아내 : 그러게요! 어머, 씨를 떨어뜨렸어요.

놀부 : 얼른 심읍시다.

해설자 : 씨는 무럭무럭 자랐습니다.

　　　　흥부 집에 났던 호박보다 더 큰 호박이 열렸습니다.

놀부 : 여보! 어서 톱 가져와! 이 호박 따게.

놀부아내 : 벌써 따요? 아직 익지도 않은 것 같은데?

놀부 : 아 저만큼 컸는데 익질 않아? 그래두 저 속에 보물이 잔뜩 들었

　　　　을 거야. 자, 어서 호박을 탑시다!

해설자 : 놀부와 놀부아내는 땀을 뻘뻘 흘리며 호박을 탔습니다.

〈음악 #6, 꽹음 소리〉

놀부/놀부아내 : 아이구! 도깨비다… / 사람 살려!

도깨비 : 이놈! 심술 많고 욕심 많은 놀부야!
　　　　내가 너와 네 재산을 다 가져가려고 왔다!

놀부 : 아이구! 살려줍쇼. 제발 살려주세요!
　　　(싹싹 빌며)
　　　다신 안 그러겠습니다. 아이구!

해설자 : 죽은 줄 알고 땅에 엎드려 있던 놀부가 눈을 뜨자,
　　　　착한 동생 흥부네 가족이 와 있었습니다!

흥부 : 형님! 우리 옛날처럼 오순도순 함께 살아요.
　　　제가 저희 집으로 모시겠습니다.

놀부 : 흥부야! 내가 잘못했다. 응! 날 용서해라.

흥부 : 별 말씀을요. 우리 이제 함께 행복하게 잘 살아요, 네?

놀부 : 고맙다!

해설자 : 흥부는 형 놀부를 위해 바로 옆에다 자기가 사는 집보다 더

큰 집을 지어 주고, 아주 오래오래 사이좋게 행복하게 잘 살았단 얘기입니다.

〈피날레 음악 #7, 신나게 연주하며 막을 내린다〉

〈공연 2〉

- 애니메이션 삽화 -

토끼전

각색 장두이

- 출연 -

별주부(자라)
토끼
용왕님
용궁 대신들
용궁 군사장
용궁 병사들
용궁 시녀들
신선

- 무대 -

배경 막에 그려진 바닷속 풍경…
한 폭의 애니메이션을 연상케 한다.

등장인물들은 머리에 각 캐릭터를 상징하는
그림을 모자처럼 쓰거나,
종이 인형 같은 인형극으로 공연해도 좋겠다.

〈오프닝 음악이 흐르는 가운데 해설자 등장〉

해설자 : 옛날 아주 먼 옛날, 호랑이가 담배 먹던 시절.
　　　　 바다 밑 용궁에 사는 용왕님이 갑자기 병에 걸려 시름시름 앓
　　　　 고 있었습니다. 온갖 의사들을 다 불러 병을 진단해 보니, 육
　　　　 지에 사는 토끼의 간을 먹어야 병이 낫는다는 것이었습니다.
　　　　 용왕은 신하들 앞에서 근심과 걱정에 싸여 탄식했습니다.

용왕 : 육지로 나가 토끼를 잡아 올 신하가 하나도 없단 말이냐?

해설자 : 용궁의 신하들은 모두 고개를 숙이고 있을 뿐 누구 하나 나
　　　　 서는 이가 없었습니다. 그때 한 신하가 앞으로 나서며 용왕
　　　　 님께 말했습니다.

별주부 : 비록 재주는 없사오나 저를 육지로 보내주시면 당장 토끼를
　　　　 잡아 오겠습니다. 만약 토끼를 잡아 오지 못한다면 절 죽여
　　　　 주시옵소서!

해설자 : 그는 바로 수천 년 묵은 자라, 별주부였습니다.

용왕 : 만약 그대가 토끼를 잡아 와 내 병을 낫게 한다면 대대손손 부
　　　　 귀영화를 누리게 해 주겠다.

별주부 : 황공하옵니다. 전하, 그런데 한 가지 문제가 있사옵니다.

용왕 : 무엇이 문제인고?

별주부 : 살아생전 토끼를 본 적이 없사오니, 토끼의 모습을 그림으로
나마 그려주시면 그걸 보고 토끼란 놈을 잡아 오겠습니다.

용왕 : 오, 그래! 그렇지. 여봐라! 전국 각지에 있는 화공들을 불러들여
당장 토끼의 화상을 그려 별주부에게 주도록 해라.

대신들 : 녜이!

해설자 : 이렇게 토끼의 그림을 가지고 용궁을 떠난 별주부는 물 위로
올라와, 두리번 두리번 토끼를 찾아 헤매기 시작했습니다.

〈음악 #1〉

그렇게 며칠 동안, 별주부는 산길을 따라 깊은 계곡으로 들어
갔습니다. 한참을 올라가다 보니, 어디선가 물 흐르는 소리가
들렸습니다. 별주부는 잠시 서서 숨을 고른 다음, 차분하게 마
음을 가다듬고 토끼를 불렀습니다.

별주부 : 토 선생 계십니까? 토 선생, 토 선생님!

해설자 : 그때 마침 토끼는 바위 밑 양지바른 곳에서 낮잠을 자고 있
었습니다. 그러다 누군가가 자기를 부르는 소리에 눈을 떴죠.

토끼 : 토 선생님! 누가 이렇게 공손히 날 찾나? 누구야?

해설자 : 토끼는 묘한 기분이 들었습니다. 평생 살면서 아무도 자기를 선생이라고 부른 적이 없는데 선생이라고 부르니 말입니다. 대부분의 짐승 친구들은 토끼를 그저 간사하고 요망한 꾀만 많은 놈이라고 놀려대기 일쑤였던 것입니다.
토끼는 귀를 쫑긋 세우고 주변을 둘러보았습니다.

토끼 : 뉘시오? 누가 나, 토 선생을 찾는 거요?

해설자 : 별주부는 얼른 품속에서 토끼 그림을 보고 진짜 토끼와 대조해 보고는 너무 기뻐 머리를 길게 빼고 말했습니다.

별주부 : 접니다. 전 용궁에서 온 별주부라고 합니다. 바다를 두루두루 다니며 벗을 사귀는 일이 취미지요. 그런데 어느 날 한 친구가 산중에 사는 토 선생님 얘기를 들려주더군요.

토끼 : 나를? 뭐라구……?

별주부 : 산중에 사는 영웅호걸로서 선생님의 지혜와 덕이, 높기가 하늘 아래 제일이라고 말입니다.

토끼 : 히히히… 하늘 아래? 아니지, 우주를 통틀어도 나 같은 인재는 눈을 씻고 찾아도 못 찾을걸!

별주부 : 여부가 있겠습니까? 우주 삼라만상을 둘러봐도 토 선생님 같
　　　　은 분은 만고에 없습지요!

토끼 : 근데 당신 왜 그렇게 생겼어? 응? 목이 쑥 빠진 게 징그럽구, 등
　　　짝은 나무 접시처럼 딱딱하게 생겼구, 발은 뭉뚝한 게 상어 떼
　　　가 뜯어먹다 남겨놨나?

해설자 : 별주부는 자존심도 상하고 기분이 매우 언짢았지만, 토끼의
　　　　비위를 맞춰 용궁으로 데려가야 한다는 생각에, 그저 꾹 참고
　　　　멋진 말을 늘어놓기 시작했습니다.

별주부 : 제가 생긴 건 이래두 의리와 마음 하나만은 누구에도 뒤지지
　　　　않습니다. 제가 선생님을 이렇게 만난 것두 하늘이 내린 기회
　　　　요, 인연이 아닌가 합니다.
　　　　어떠십니까? 이런 산중에서 이리, 늑대, 호랑이 밥이 되는 걸
　　　　피해 저희 용궁으로 가시지요. 저희 용궁은 끼니마다 산해진
　　　　미로 온갖 해산물이 잔뜩 있어 맘껏 드실 수 있고, 바다에서
　　　　나는 해초로 만든 음식은 세상 어디에 가도 맛볼 수 없는 맛
　　　　있는 음식이랍니다.
　　　　게다가 용궁에 사는 시녀들은 선녀 못지않게 아름답고 예쁘
　　　　답니다. 그러니 구경도 하실 겸, 저하고 용궁엘 잠깐 가보시
　　　　면 어떻겠습니까?

토끼 : 말씀은 고마우나, 내가 수영도 못 하는데 어떻게 바다 밑을 들

어가겠소? 그리구 자칫하면 물고기 밥이 될지도 모르는데… 그만두겠소.

해설자 : 토끼의 말에 별주부는 가슴이 철렁 내려앉았으나, 순간 더 좋은 묘안을 짜내었습니다.

별주부 : 사실은… 우리 용왕님께서 선생님에 대한 소문을 익히 들으시고, 선생님을 저희 용궁의 외무대신으로 기용하시겠다고 하셨습니다.

토끼 : 외무대신? 그것참 신기한 일이오. 용궁엔 그렇게 인재가 없소?

별주부 : 인재도 없을뿐더러, 바다 밖의 세상을 두루 아는 이가 없으니, 세상을 두루두루 다 아는 토 선생님이 제일 적합하다는 거지요. 선생님처럼 지혜와 덕을 두루 갖춘 분이 오시면, 저희 용궁이 번성하고, 번창하고, 번영하여 무한한 발전을 이루리라 생각하는 겁니다. 그러니 아무 생각하지 마시고 지금 저와 함께 가시지요.

토끼 : 근데… 물속을 어떻게 들어가나?

별주부 : 그건 간단합니다. 제 등에 올라타고 숨 한 번 크게 들이마시고 들어가시면 눈 깜빡할 사이에 저희 용궁에 도착하실 겁니다. 제 수영 실력은 저희 용궁에서 매년 열리는 수영대회에서 단

한 번도 1등을 놓친 적이 없으니까 염려 마십시요.

토끼 : 음~ 좋소! 그럼 가십시다. 해지기 전에 용궁에 도착하려면 빨리 가야겠구먼.

별주부 : 그러시죠! 자, 제 등에 올라타세요.
　　　(토끼가 별주부 등에 올라탄다)

〈음악 #2〉

해설자 : 이렇게 해서 토끼는 별주부 등을 타고 바닷속 용궁으로 들어오게 되었습니다. 토끼는 용궁에 들어오자마자 산해진미와 술에 온갖 성대한 대접을 받았습니다. 한편, 토끼를 천신만고 끝에 데려온 별주부가 용왕님을 뵈었습니다.

용왕 : 오, 별주부 장군! 결국 그대가 해냈구려!

별주부 : 성은이 망극하옵니다. 그저 신하의 도리를 다했을 뿐입니다. 부디 토끼의 생간을 드시고 옥체 보중하시옵소서.

용왕 : 그래, 토끼란 놈은 지금 잘 있소?

별주부 : 술과 음식으로 일단 취하게 만들었습니다.

용왕 : 잘했다! 여봐라, 당장 토끼 놈을 잡아 오너라!

군사들 : 녜이!

해설자 : 한편 토끼는 융숭한 대접을 받고, 용궁의 아리따운 궁녀들과
　　　　술래잡기 놀이를 하고 있었습니다.

〈음악 #3〉

궁녀1 : 호호호⋯ 토 선생! 이쪽입니다.

토끼 : 어디⋯?

궁녀2 : 여기요!

토끼 : 여기⋯?

궁녀3 : 아니, 여깁니다.

토끼 : 어디⋯?

궁녀4 : 이쪽입니다!

토끼 : 여기가 어디야?

궁녀5 : 아이~ 바로 요기요!

토끼 : 요기? 뭘 요기해? 또 먹으라구?

궁녀6 : 아니 바로 고기요.

토끼 : 고기…? 무슨 고기냐?
      (재밌게 놀고 있다)

해설자 : 토끼는 아무리 애를 써도 물속에서 요리저리 빠져나가는 궁
        녀를 하나도 잡을 수가 없었습니다. 화가 난 토끼가 깡충깡충
        뛰어 따라잡은 것은 다름 아닌…….

토끼 : 누구야?
      (눈가리개를 푼다)

군사장 : 널 잡아 오라는 분부시다! 어서 이놈을 잡아라!

군사들 : 네이! (토끼를 묶는다)

토끼 : 아니, 이게 무슨 짓이냐? 내가 누군지 아느냐? 난 이 나라의 외
      무대신이다.

군사장 : 외무대신? 우리나라엔 내무대신은 있어도, 외무대신은 없다.

뭣들 하느냐? 그놈을 끌고 와!

토끼 : 아이구, 이놈들! 내가 누군데? 나, 토 선생이야!

군사장 : 토깽이 선생? 이번엔 토끼지 못할 거다. 뭐해? '꽉' 잡아라! 토끼지 못하게!

해설자 : 토끼는 꼼짝없이 용왕님 앞으로 끌려왔습니다.

용왕 : 그림에 보던 그 토끼 … 영락없는 토끼로구나! 그럼 그렇지! 내가 병이 깊어 만 가지 약이 다 소용없는데, 오직 토끼 그대의 간이 약이라니, 죽어도 슬퍼 말고 오히려 영광으로 생각하고, 그대의 목숨을 흔쾌히 내게 맡기거라! 내 그대의 공을 기억해, 그대 이름으로 사당을 짓고, 해마다 정성으로 제사를 지내주겠노라! 여봐라, 뭣을 지체하느냐? 어서 저 토끼의 간을 꺼내도록 해라!

군사들 : 녜이! (군사들이 달려들고, 군사장이 큰 칼을 빼든다.)

토끼 : 잠깐! 잠깐만요. 전하! 이왕 죽을 목숨인데 한 말씀만 올리겠습니다.

용왕 : 무슨 말?

토끼 : 본래 토끼란 족속은 하늘 아래 제일 높은 산의 정기를 받고 태

어나는 동물입니다. 매일 아침 이슬과 저녁 안개를 받아 마시고, 고운 꽃과 귀한 약초만 먹고 자라서, 전하의 말씀대로 제 간이 명약 중의 명약이라 할 수 있습니다.

그래서 이놈의 간을 먹으려고 여기저기서 매일 같이 별놈들이 다 달려들어, 단 하루도 편할 날이 없습죠. 그래서…

용왕 : 그래서…?

토끼 : 그래서! 평상시에 전 제 간을 아주 높은 산꼭대기에다 감춰두곤 합니다. 그러니 절 다시 육지로 보내주시어 간을 가져오게 해주십시오. 제 평생 이렇게 큰 대접을 융숭하게 받았는데, 어찌 대왕님의 은혜를 저버릴 수 있겠습니까?

해설자 : 용왕은 순식간에 입을 다물었습니다. 할 말이 없었던 것입니다. 한참을 생각한 후에 용왕이 입을 열었습니다.

용왕 : 토 선생! 그럼… 지금 육지로 가서 선생의 간을 가져다주시오. 그러면 내 용궁의 온갖 보물과 상을 내리고 바다 밑 넓은 땅도 다 주겠소! 그러니 어서어서 우리 별주부하고 다녀오시오.

토끼 : 여부가 있겠습니까? 당장 가서 가지고 오겠습니다.

해설자 : 이렇게 위기를 잠시 모면한 꾀 많은 토끼는 곧바로 별주부와 함께 육지로 돌아오게 됐습니다.

땅에 내리자마자 토끼가 깡충깡충 뛰어가며 말했습니다.

토끼 : 하하! 이 어리석은 굼벵이 자라 놈아! 도대체 몸속에 있는 간을 자유자재로 꺼내고 다니는 놈이 어딨냐? 너희들 모두 내 꾀에 넘어간 거야! 용용 죽겠지…? 어서 돌아가서 너희 용왕께 사실대로 말씀드려라. 응? 이 어리석고 못난 족속들아! 머리는 괜히 달고 다니니? 토끼는 지금 이렇게 토꼈다고 말해. 안~녕!

(토끼가 깡충깡충 뛰어간다)

해설자 : 토끼가 숲속으로 사라진 것을 멍청히 바라본 별주부는, 그냥 그 자리에서 죽고 싶었습니다. 마침 옆에 있는 바위에 머리를 찧고 죽으려고 하는데…….

신선 : 별주부야! 멈추어라!

해설자 : 별주부가 눈을 떴습니다. 바로 그 앞엔 신선이 서 있었던 겁니다.

신선 : 그대의 정성이 지극하여 내 그대에게 용왕의 병을 고칠 수 있는 신성한 약을 가져왔노라. 어서 이 약을 가져가 용왕의 병을 낫게 하여라!

해설자 : 신선은 약을 꺼내 별주부에게 주었습니다. 별주부는 몇 번이

고 머리 숙여 절을 올렸습니다. 그렇습니다. 지성이면 감천이라고 했습니다. 진심으로 모든 일을 대하면 하늘이 스스로 돕는 법이죠.

〈음악 #4〉

해설자 : 별주부는 소중한 약을 가슴에 품고 용궁으로 돌아와 용왕님께 드렸고, 그 약을 먹은 용왕과 상금을 많이 받은 별주부는 아주 오래오래 행복하고 건강하게 잘 살았다는 얘기입니다.

〈음악이 커지며, 천천히 막이 내린다〉

〈공연 3〉

- 창의적인 판타지 세계를 꿈꾸며 -

이상한 나라의 꿈

Lewis Carroll 원작

장두이 각색

– 출연 –

해설자
앨리스
언니
토끼
애벌레
병
공작부인
공작부인 하인
개구리 하인들 (공작 부인의)
거북이
뮤지션들

- 무대 -

마치 애니메이션 작화를 연상시키는 크고 작은
큐빗들이 무대에 모형을 만들어 놓여있다.

하수 쪽에 해설자가 있고,
반대편 상수 쪽엔 뮤지션들이 자리 잡고 있다.

〈오프닝 음악 #1 흐르는 가운데 해설자가 등장한다〉

해설자 : 앨리스는 오늘도 언니와 함께 따뜻한 햇살이 비치는 정원에
　　　　서 책을 읽고 있었습니다. (사이) 하지만 차츰 지겨워지기 시
　　　　작했어요.

앨리스 : (길게 하품을 한다) 지겨워! 재미없어! 그림도 없는 책을 뭐
　　　　하러 읽고 있어?

해설자 : 그때 갑자기 눈이 빨간 토끼 한 마리가 앨리스 옆을 허겁지겁
　　　　지나가는 거였어요!

토끼 : 토끼 깡깡총 토끼 깡총 토끼 깡깡총 토끼 깡총

앨리스 : 어머, 토끼다! 어, 토끼가 말을 하네?

토끼 : 치, 바보! 지만 말하는 줄 아나?

앨리스 : 너두 말할 줄 알아?

토끼 : 물론이지!
　　　 캬뜨르쌈파 크크크
　　　 오리또꿀레 호호호
　　　 씨뚜룩끌레 헤헤헤

앨리스 : 와, 그게 무슨 말이야?

토끼 : 흥! 말하면 토끼고, 말 못하면 토끼가 아니지!

앨리스 : 엥? 히히, 재밌다. 근데 너 어디가? 토끼야, 나하고 놀자!
 나 심심하단 말야, 응?

토끼 : *끄빠구놀랠래?*

앨리스 : 응?

토끼 : 나 지금 바빠! (무대를 빠르게 요리조리 간다)

앨리스 : 어? 나두 같이 가! (언니를 보고) 언니! 이따 봐!

언니 : 앨리스! 어디 가니? (앨리스의 모자를 들고) 니 모자?

앨리스 : 괜찮아! 거기 그냥 놔둬!
 (앨리스도 토끼를 따라 뛰어간다)

해설자 : 앨리스는 토끼를 쫓아 뛰고 또 뛰었어요.

앨리스 : 같이 가.

토끼 : 빨리 와. 나 잡아 봐라!

　　　(토끼와 앨리스가 객석까지 계속 뛰어다닌다)

해설자 : 마침내 토끼가 정원 울타리 옆에 있는 작은 구멍으로 '쏙' 들
　　　어가 버렸습니다.

앨리스 : 어! 어떡해?

해설자 : 한참 구멍을 들여다보던 앨리스도 겨우 몸 하나 들어갈 구멍
　　　으로 들어갔습니다. 그런데 그만…

앨리스 : (무한히 떨어진다) 아~ 엄마아!

　　〈음악 #2, 떨어지는 불협화음의 음악에서 점차 변조되며 신비한 음
　　악으로 바뀐다. 그리곤 '쿵' 하는 소리와 함께 음악이 멈춘다〉

앨리스 : 아얏! 아이쿠 내 엉덩이! (주위를 둘러보며) 여기가 어디야?
　　　가만, 저기 문이 보이는데….

해설자 : 그렇습니다. 앨리스가 38센티미터도 안 되는 아주 작은 문 하
　　　나를 발견했어요.

모두 : (문쪽을 가리키며) 문~~!

앨리스 : 근데 여길 어떻게 들어가지? 그리고 이 문 안쪽엔 뭐가 있을까?
(앨리스가 문 앞에서 왔다 갔다 하며) 이 궁리 저 궁리 이 궁리 저 궁리…

모두 : 이 궁리 저 궁리 이 궁리 저 궁리 이 궁리 저 궁리…

해설자 : 이 궁리 저 궁리 이 궁리 저 궁리 생각하던 앨리스가 문 옆에서 이상한 병 하나를 발견했어요.

병 : 뾰~옹!

앨리스 : 어! 이게 무슨 병이지? 콜라, 사이다도 아니고 스프라이트, 진저에일… 뭐지?

병 : 나를 마셔요!

앨리스 : 나를 마셔요?' (냄새를 맡는다) 아무 냄새도 안 나네?
(뚜껑을 딴다. 주위를 두리번거리며 살핀 다음) 마셔도 되겠지?

해설자 : 앨리스가 병째 마셨어요.

앨리스 : (매우 놀라며) 어! 이게 뭐야?
내 몸이… 내 몸이 점점 작아지고 있잖아!

〈음악 #3, 효과음 같은 음악〉

(수백 개의 종이 달린 천이 앨리스 앞에서 흔들거리며 춤을 추는 가운데 앨리스가 점점 천 밑으로 작아져 간다)

해설자 : 네, 그렇습니다. 앨리스의 몸이 점점 작아지고 있었어요.

앨리스 : 엄마, 어떡해?

(앨리스가 천 위로 목만 내 놓은 채 울기 시작한다)

해설자 : 그때였어요. 앨리스 앞에 있는 작은 문이 열리더니, 정말 정말 아주 작은 벌레 한 마리가 앨리스 앞에 나타난 겁니다.

애벌레 : 너 누군데 남의 집 문 앞에서 청승맞게 울고 있는 거야? 니가 우는 눈물로 곧 홍수가 되겠어. 어서 '뚝' 그치지 못해?

앨리스 : 미안! 근데 여긴 어디야? 그리구 넌 누구고?

애벌레 : 나? 이 집의 문지기. 그리구 여긴 내가 모시는 공작부인 댁이야.

앨리스 : 공작부인?

애벌레 : 혹시…

모두 : 혹시…

애벌레 : 혹시… 니 이름이 앨리스니?

앨리스 : 응, 나야!

애벌레 : 우리 마님이 기다리고 계셔. 자, 들어와.

해설자 : 앨리스는 문지기 애벌레의 안내로 공작부인의 집엘 들어가
        게 됐습니다.

앨리스 : 와! 멋지다. 이런 집은 처음 봐! 온갖 색깔이 다 있어. 빨강, 파
        랑, 노랑, 초록, 보라….

애벌레 : 자, 저기 담 옆에 문 보이지? 거기에 마님이 널 기다리고 계셔.

앨리스 : 누군데? 어떻게 생긴 분이야?

애벌레 : 가 보면 알지? 가 봐! '낄~뚜!'

앨리스 : '낄~뚜?'

애벌레 : '안~녕'이란 뜻이야. 담에 봐.

해설자 : 이렇게 해서 앨리스는 아주 작은 몸으로 변해서 공작부인이
　　　　있는 방 안으로 들어갔습니다. 그런데 들어가자마자 앨리스는

앨리스 : (재채기를 크게 연신한다) 에이취~ 에이취~ 에이취!

공작부인/하인 : 어서 와라, 앨리스야!

　　　　(하인은 공작부인의 말을 에코처럼 따라한다)

앨리스 : 네, 에~ 에이취! 여기 후추가루가 있나요? 코가 간지러워요.
　　　　에이취~ 취!

공작부인/하인 : 후추는 몸에 정말 좋은 거란다. 스프를 먹을 때 후추를
　　　　치면 아주 맛있지.

앨리스 : 에이취! 그래서 방 안에 전부 후추투성이군요!

공작부인/하인 : 후추를 싫어하는 꼬마는 음식도 가려먹는 못 된 습관이 있어.

앨리스 : 아뇨! 후추는 안 먹어도 되는 광물이에요.

공작부인/하인 : 맞아! 여기 근처에도 후추가 많이 나는 광산이 있단다.

앨리스 : 아, 이제 생각났어요. 후추는 본래 채소예요! 그렇죠?

공작부인/하인 : 맞다! 후추를 먹으면 '니가 되고 싶은 것이 될 수 있지.'

앨리스 : 에이취! 그래두 전 싫어요!

공작부인/하인 : 후추 먹고 거북이두 보고, 바다 구경도 하고 싶지 않니?

앨리스 : (호기심이 발동해서) 거북이요? 바다 구경?

해설자 : 앨리스는 본래 모험심이 많은 아이였지요.

앨리스 : 재채기 안 할 수 있으면요!

공작부인/하인 : (손뼉을 친다) 얘들아!

해설자 : 공작부인이 손뼉을 치자, 개구리같이 생긴 하인 둘이 들어왔습니다.

개구리 하인들 : 부르셨습니까?

공작부인/하인 : 이 애한테 어제 만든 '셸타 후추'를 갖다 줘라!

개구리 하인들 : 녜이! 셸타 비타 코타 삐리리 셸타 후추추!

   (개구리 하인 둘이 얼른 잠자리채 같은 데서 후추 병을 꺼낸다)

해설자 : '셸~타 후추', 별 후추도 다 있네요! 앨리스는 이상한 후추 병을 들고 잔뜩 얼굴을 찌푸린 채 먹었어요.

앨리스 : (가장 큰 재채기) 에이춰!

〈음악 #4〉

　　　(그러자 이어서 거북이가 나타난다)

앨리스 : 와! 진짜 거북이네. 안녕, 거북아!

거북이 : 어, 안~녕!

앨리스 : 근데 무슨 일 있어? 슬퍼 보여.

거북이 : 나두 한땐 진짜 거북이였어!

앨리스 : 그게 무슨 말이야! 너 진짜 거북이 아냐?

거북이 : 보고도 몰라? 만져 봐! 난 가짜 거북이야! 바다 거북이가 못 되고 민물 거북이가 됐거든!

앨리스 : 그게 어떻게 달라?

거북이 : 다르지. 바다가 아닌 민물에서 사니까!

앨리스 : 헌데 너 지금 바닷가에 와 있잖아!

거북이 : 바다가 그리우니까!

앨리스 : 그럼 바다로 들어가면 되잖아?

거북이 : 짜서 못 들어가.

앨리스 : 정말?

거북이 : 민물에서 노니까, 짠물엔 못 들어가. 항상 물이 좋아야 되는 거야. 그래서 요즘 후추를 먹어 가며 단련하고 있지.

앨리스 : 후추 먹으면 바다에 들어갈 수 있어? 나두 후추 별로 안 먹었 으니까 바다 구경 못하겠네?

거북이 : 대신 민물 구경시켜줄게. 민물에두 많은 물고기가 산단다.

앨리스 : 정말?

거북이 : 그럼! 가재, 송사리, 잉어, 미꾸라지…. 난 가재하구 제일 친 하거든! 우린 가끔 가재 춤두 추는 걸.

앨리스 : 가재 춤? 와! 어떻게 추는데? 한 번 보여줘! 보여줘! 보여줘!

거북이 : 그럼 너두 같이 출래?

앨리스 : 나 같은 사람두 출 수 있어?

거북이 : 물론이지! 사람들은 나 같은 거북이두 잡아먹구, 가재두 잡아
　　　　 먹잖아? 나빴어!

앨리스 : 미안해!

거북이 : 이 춤을 추면 너두 이제부터 우리 물고기들 안 잡아먹을 거
　　　　 야. 자, 따라해 봐!

〈음악 #5, 신나는 댄스 음악이 흐르며 춤을 추는 앨리스와 거북이〉

앨리스 : 와! 신난다. (해설자를 보고) 같이 춰요! (관객을 보고) 여러분
　　　　 도 같이 춰봐요! (박수를 유도하며) 같이 춰요!
　　　　 (이 작품에 출연했던 모든 배역들이 나와서 앨리스와 춤을 춘
　　　　 다. 앨리스가 신나게 추는데 거북이가 사라지고 나머지 배역
　　　　 들도 차츰 사라진다.
　　　　 마침내 음악도 멎는다.
　　　　 그래도 앨리스는 계속 춤을 미친 듯이 춘다.
　　　　 그때 앨리스 언니가 쇼핑백을 들고 나타난다)

언니 : 앨리스! 앨리스! 얘! (앨리스가 멈춘다) 너 뭐해? 들어가자. 밥
　　　먹을 시간이야! (쇼핑백을 주며) 자! 이거 엄마가 너 주라구 사
　　　온 장난감이야! (들어간다)

앨리스 : 장난감?

　　　(쇼핑백에서 장난감을 꺼낸다. 거북이, 개구리, 토끼, 후추 병
　　　들이 나온다)

언니 : (무대 밖에서) 앨리스! 빨리와! 밥 먹고 우리 할머니 집에 간대!

　〈음악 #6, 엔딩 음악이 나온다〉

　　(앨리스 허탈하게 장난감을 들고 집으로 들어가는데…)

- 조명이 서서히 어두워진다 -

〈공연 4〉

- 감성 뮤지컬 -

초코와 파이

극본 장두이

- 등장 인물 -

초코 : 19세의 대학 1학년생
파이 : 18세의 여고생
빠빠 : 초코의 아버지
마미 : 파이의 어머니
앙상블 : 멀티캐릭터 앙상블

- 무대 -

아무 데나
간단한 무대의 차림상……

- 때 -

아무 때나
간단 없는 시간의 흐름 속에서……

- 제 1장 -

(M-1의 음악이 흐르면서,

막이 오르면 객석을 통해 들어오는 앙상블.

관객을 보고 놀라고, 어리둥절하고, 뻘쭘해 하고)

앙상블 : (나팔을 분다) 여기야, 여기!

(손짓하면 다른 앙상블들 소도구와 대도구들을 가지고 등장

해서 간단한 무대를 완성한다)

자, 이제 시작해 볼까? 관객들이 우리를 쳐다보고 있잖아?

(M-1)

여러분, 안녕하세요?

나이스 투 미츄

이 연극은 두 하이틴의 (초코와 파이)

사랑 이야기죠. 초코와 파이(초코와 파이)

초코는 열아홉 대학생(초코와 파이)

파이는 달콤한 열여덟 고딩(초코와 파이)

여름날 아침 햇살처럼(초코와 파이)

가을날 고요한 하늘처럼(초코와 파이)

초코와 파이는 착하고 예쁘고(초코와 파이)

들장미 같은 감성을 가진(초코와 파이)

우리의 주인공이랍니다.(초코와 파이)

초코와 파이 (초코와 파이) 초코와 파이 (초코와 파이)

(다 함께) 초코 파이 초코 파이 초코 파이……

파이 : 오늘 아침은 날 부르는 요정들의 노래 소리에 단잠을 깼어요.

앙상블 : 요정?
　　　　무슨 노래?
　　　　파이 파이
　　　　파이는 맛있어?
　　　　초콜릿 공장?
　　　　챨리와 초콜릿?

파이 : 아니, 그와 비슷한 이름…

앙상블 : 허쉬? 가나? 투유? 하쉬? 키세스……?

파이 : 아니.

앙상블 : 아! 초코와…

파이 : 나, 파이!

앙상블 : 맞췄네!

파이 : 오, 하나님! 제발 평범한 여자가 되지 않게 해주세요.

앙상블 : 들장미 같은 감성을 가진 (파이 파이)
　　　　평범한 여자가 절대 아닌 (파이 파이)
　　　　우리의 주인공이랍니다. (파이 파이)

(초코의 노래로 이어지며)

초코 : 　　　　物 맑고 푸른 물에서 헤엄쳐 봤으면
　　　　　　　그러다 인어를 보고 싶어라.
　　　　　예쁜 인어는 나한테 키스를 할 거야.
　　　빛나는 아침 이슬처럼 윤기 나는 인어를 안고
　　　나도 물속을 헤엄치겠지. 그러다 지치면 우린
　　　바닷가에서 따스한 햇볕을 받고 쉬고 있겠지.
　　　세상 부러울 게 뭐야. 세상 부러울 게 없지…

파이 : (옆집에 있는 초코를 발견하고) 오빠!

앙상블 : (초코를 에워싸면서 각자 한 마디씩)
　　　　어머, 멋져!
　　　　매력적이다!
　　　　어쩜!
　　　　눈 좀 봐!
　　　　코는 어떻고?
　　　　입술은?

파이 : 믿음직스러워!

초코 : 꿈속에 그리던 사람!

파이 : 꿈속에 나타난 남자!

초코 : 전 아직 스무 살이 채 안 된, 대학 생물학과 1학년생입니다.
　　　실험실에서 나비를 분해하며 자연의 경이로움에 심취하죠.
　　　그러던 중 바로 옆집의 아리따운 한 소녀를 발견했어요.

앙상블 : 고딩!

초코 : 네, 그게 어때서?

파이 : 쉿, 들어봐!

초코 : 누구야? (앙상블이 만든 담장을 거닐면 파이가 얼른 숨는다)
　　　여하튼 그때부터 전 나방이건, 나비건, 개구리건, 다 필요 없게
　　　됐어요.

앙상블 : 빠졌어?

파이 : 정말?

앙상블 : 정말!

파이 : 증말!

초코 : 증말! 이젠 생물책 같은 건 관심도 없어요.
　　　 내 마음의 소리를 들어줄 사람 말고는……!
　　　 바보 같은 소리라고 하겠지만 전 옆집의 파이를 너무 너무 생각
　　　 하게 됐답니다. 온종일 생각나는 거예요.

파이 : 아!

앙상블 : 좋겠다.

초코 : 그런데 지난 수요일이었어요. 학교에서 돌아와 보니 빠빠가 갑
　　　 자기 담장을 저렇게 높이 쌓아 놓았지 뭡니까?

앙상블 : (자신들을 가리키며) 저희들이요.

　　　 (빠빠와 마미가 담을 새로 조정해가며 주고 받는다)

빠빠 : 담을 높게 쌉시다.

마미 : 좋은 생각이에요.

빠빠 : <u>흐흐</u>… 피라무스와

마미 : 티스베의 담처럼…

앙상블 : 비극의 피라무스와 티스베?

(이어 무대는 앙상블들에 의해 피라무스와 티스베의 재연장면으로
이어진다. 앙상블들이 플루트와 북을 연주하며 배경음악을 만들어
주고, 앙상블 중에 한 사람이 나레이터 역할을 한다)

나레이터 :   옛날 아주 먼 옛날,
         고대 바빌로니아 왕국에 티스베와 피라무스란 핸섬한 처녀와
         청년이 살고 있었습니다. 두 청춘남녀는 서로 이웃에 살고 있
         었는데 너무 좋아한 나머지 결혼을 하고 싶어했습니다.
         아, 그런데 이 무슨 운명의 장난이란 말인가? 양가 부모님
         들은 사이가 안 좋아 이 두 사람이 만나는 것조차 절대 금
         지했습니다. 그리하여 두 사람은 부모님 몰래 매일 밤 두
         집 사이에 난 이 벽 구멍을 통해 서로 만나야 했습니다.

(담장 벽 옆에 와서 서로 부른다. 이하 두 삶은 신파조로 연기한다)

피라무스 : 티… 티…

티스베 : 피… 피…!

피라무스 : 티스베!

티스베 : 피라무스!

피라무스 : 티스베, 우리 부모님 몰래 도망가서 삽시다.

티스베 : 좋아요. 당신과 함께라면 어디든지 갈테야요.

피라무스 : 그럼 내일 밤 초승달이 뜰 때, 저 아래 뽕나무 밑에서 만나요.

티스베 : 알았어요. 마을 축제 때, 우리가 처음 만났던 곳이죠?

피라무스 : 그렇죠. 꼭 와야 돼요? 약속 어기면 안 돼요!

티스베 : 말이라구요? 그럼 거기서 봐요, 사랑하는 피라무스!

피라무스 : 오, 티스베!

　(두 사람, 벽 사이 구멍으로 손을 잡고 어쩔 줄 모른다. 이때 개 짖는 소리에 얼른 떨어지는 두 사람)

나레이터 : 아, 사랑하는 사람들에게 하루는 왜 이렇게 긴지요! 하루가
　　　　　마치 일 년처럼 아니 십 년처럼 느껴졌습니다. 너무 흥분
　　　　　에 겨워 단 한 끼도 안 먹은 두 사람은 초승달이 뜨기만을

기다리고 기다렸습니다.

마침내! 오……! 기다리다 못해 초승달이 마악 뜨기 직전 티스베가 먼저 뽕나무 아래로 달려왔습니다.

티스베 : (나무 아래서 두리번거리며) 피라무스! 피라무스!

(그때 앙상블들에 의해 '어흥' 소리가 나며, 사자가 등장한다. 티스베는 놀란 나머지 가지고 있던 스카프를 땅에 떨어뜨리고 숨는다. 사자는 킁킁대며 스카프를 보고 냄새를 맡더니 입으로 물어뜯는다. 그때 헐레벌떡 뛰어오는 피라무스. 사자를 발견하고 잠시 몸을 숨긴다.
사자가 물어뜯던 스카프를 놓고 사라진다. 피라무스는 스카프가 티스베의 것인 줄 안다. 피 묻은 스카프를 들고)

피라무스 : 아, 이 피! 내가 한 발 늦었구나. 오, 티스베! 나 때문에 죽다니…. 아, 티스베… 그대 없는 세상, 살아 무엇하리오? 나두 함께 그대 곁으로 가겠소!

(칼로 자결한다. 잠시 후 나타나는 티스베.
자결한 피라무스를 발견한다)

티스베 : 피라무스! 피라무스! 나 여기 왔어요. 티스베가 왔어요. 오, 어서 눈 좀 떠봐요! 내가 죽은 줄 알았군요. 피라무스! 피라무스! 그럼 나두 당신 뒤를 따르겠어요.

(칼로 자결한다. 죽어가며)

오, 무정한 부모님! 보십시요. 우리의 사랑은 막을 수 없답니다. 부디 저희 두 사람을 함께 묻어주시어요!

제 2장

마미 : 설마, 우리 애들이 이렇게 되진 않겠죠?

빠빠 : 그러니 애당초 싹을 잘라버려야지!

마미 : 아예 만나지도 못하게…

빠빠 : 숙제를 산처럼 많이 주고…

마미 : 할 일을 강처럼 많이 만들어서…

빠빠 : 못 보게.

마미 : 못 만나게. ㅋㅋㅋㅋ

　　(두 사람이 하이 파이브를 하며 '킥킥'거리면서 들어간다)

초코 : 두 분이 저렇게 우리 사일 갈라놓으려는 계략이죠.

파이 : 그게 잘 될까요?

앙상블 : 그럼 사랑은
　　　　　폭풍을 뚫고,

장애물도 뚫고
나갈 테니까.

초코 : 그렇죠! (감미롭게 음악처럼 부른다) 파 파 파……!

파이 : (반응한다) 초 초 초……!

앙상블 : 초-코

앙상블 : 파-이

초코 : 파이! 내 말 들려?

파이 : 으음.

초코 : 우리 얘기하고 있는 중이야.

파이 : 누구한테?

앙상블 : 우리한테.

초코 : 지금 심정이 어떠냐고 묻는다면….

앙상블 : 어떤데?

초코 : 할 말이 없어.

앙상블 : 그렇지. 초코와 파이란 말 외엔….

파이 : 초, 초, 초코

초코 : 파, 파, 파이……! 사랑해!

파이 : 아……! (그녀, 기절한다)

초코 : 넌 나의…

앙상블 : 애플 파이…

파이 : 애플 파이?

초코 : 아이스크림!

파이 : 크림?

초코 : 바닐라 초콜릿 아이스크림!

파이 : 오……! (그녀, 다시 기절)

초코 : 내 사랑 무엇에도 비길 수 없는 (내 사랑)

　　　　온 세상 꽁꽁꽁 얼어붙고 추워도 (내 사랑)

　　　　눈보라가 쏟아져 갈 수도 올 수도 없어도 (내 사랑)

앙상블 : 넌 나의 태양

초코 : 타오르는 태양

앙상블 : 훨훨 타오르는 불꽃!

모두 : 불꽃 같은 사랑, 내 사랑

파이 : 다시 한 번

초코 : 내 사랑

파이 : 오……! (그녀는 다시 기절한다)

　　(사이)

앙상블 : 쉿!

파이 : 가만! 무슨 소리가 들려.

앙상블 : 온다!

파이 : 엄마가 오셔.

초코 : 아빠두!

파이 : 자기 조심해!

초코 : 자기?

앙상블 : 지가!

초코 : 헐, 지금 자기라고 했어? 대박이다! 한결 가까워진 것 같애.

파이 : 어른들은 미쳤어!

앙상블 : 미쳤어!

초코 : 심술궂고!

앙상블 : 심술궂고!

파이 : 훼방하고!

앙상블 : 훼방하고!

초코 : 걱정하고!

앙상블 : 걱정하고!

파이 : 야단하고!

앙상블 : 야단하고!

초코 : 나무라고!

앙상블 : 나무라고!

파이 : 참견하고!

앙상블 : 참견하고!

　　(사이)

파이 : 아이 재밌어! 나, 이런 상상을 해봤다.

초코 : 어떤?

파이 : 초콜릿 나무에 관한 것.

초코 : 초콜릿 나무?

앙상블 : 맛있겠다.
　(소리 내어 침을 삼킨다)

파이 : 어느 계곡 덤불 속에 커다란 초콜릿 나무가 있는데,
　　　그 나무에 커다란 초콜릿이 주렁주렁 열린 거야.
　　　그때 갑자기 먹음직스런 초콜릿 피부에
　　　초콜릿 머리를 한 '초코코 왕자님'이 나타난 거야.

초코 : 초코코?

파이 : 엉큼하게 생겼지만 캡틴 스패로우처럼 아주 멋있었어.

　(앙상블들이 모두 〈캐리비안의 해적〉에 나오는 '잭 스패로우'처럼
　걷는 흉내를 낸다)

초코 : 그만 두지 못해!
　(앙상블들 다시 담장으로 돌아간다)

파이 : 그 사람은 깡패 같은 부하들을 거느리고 있었는데,
　　　초콜릿 나무 뒤에 숨어 있었어.

그래서 내가 큰 초콜릿 하나를 땄는데, 갑자기 부하들이 튀어
나오는 거야.

초코 : 짜식들!

파이 : 초콜릿 못 먹어 환장한 거지들 같았지.
　　　(앙상블들이 이번엔 모두 거지들처럼 파이에게 달려든다)
　　　"안 돼요." "살려주세요." "제발!"

초코 : 저리 가! 가라구!
　　　(앙상블들 피한다. 파이를 잡고 다짐하듯)
　　　파이야, 내가 거기 없었어?

파이 : 오빠가 나한테 마악 뛰어왔지.

초코 : 그래서?

파이 : 그 많은 사람들과 싸웠어.

초코 : 혼자서? 정말? 와우! 그래서……?

파이 : 축하 파티!

초코 : 축하 파티?

앙상블 : 응, 승리의 축하 파티!

파이 : 불꽃놀이!

초코 : 불꽃놀이?

앙상블 : 승리의 불꽃놀이!

파이 : 축제!

초코 : 축제?

앙상블 : 승리의 피에스타!

　(함성과 축포가 터진다. 춤과 함께 축하 파티가 열린다)

　(M-2 : 파티 음악)

　(축제가 끝나고 앙상블들이 호위해 있는 가운데 멋진 양털 카페트
를 깔고 초코가 파이의 무릎을 베고 누워있다)

파이 : 오빠 정말 멋졌어. 캡틴 같았다니까.

초코 : 그만해!

파이 : 왜? 자존심 상해?

앙상블 : 쉬잇!

파이 : (갑자기 굳어지며) 누가 오고 있어.

초코 : 아빠야!

파이 : 키스해 줘. 얼른!

  (그들은 키스한다. 빠빠가 담장을 더 높이려고
   핸드카에 사다리와 벽돌을 가져온다)

빠빠 : 담장을 더 높여야겠어! 아직두 낮단 말야! 적당히, 뭐든지 적당히. 이게 내 생활 철학이지. 자, 여기부터 시작해 볼까? (벽돌을 놓다가) 깜짝이야! 이게 뭐야?

초코 : 아빠!

빠빠 : 이놈아! 너 그 위에서 뭐하고 있는 거냐?

초코 : '에이… 씨이…,'를 읽고 있어요.

빠빠 : 뭐? 씨이……?

초코 : 시요…! 빛나는 사랑이 있으니….

앙상블 : 그렇지.
　　　　시간이 문제냐?
　　　　시간의 흐름이여 꿈만 같도다.
　　　　타임 이즈 어 빌 오브 드림Time is a bit of Dream

빠빠 : 지랄하네. 뭐? 사랑? 꿈?

초코 : 왜요?

빠빠 : 야, 이놈아! 나한테두 한때 청춘이 있었어. 니 말대로 '시'가 있
        었다구. '때'! 그 '때' 한 여자를 사랑했고 그 '때' 한 여자와 결
        혼했고 그 '때' 어쩌다 골칫덩이 널 낳았어.
        (코러스들이 박수를 친다)
        그래, 박수칠 일이지. 지금두 애들이 부족하니까.
        여하튼….

앙상블 : 시간이 흐르고 흘러…

빠빠 : 애지중지 널 키워놨더니, 뭐? 담장에 올라가서
        '씨이', '싸이?'

앙상블 : '시!' Not 싸이!

빠빠 : 그래, '시'를 읊조려?

앙상블 : 청춘은 더럽게 아름다워라!

빠빠 : 그래. 시 조! 시 조다! (갑자기 창쪼로)
        청춘아, 내 청춘, 니 청춘, 더럽게 아름답다.
        (초코를 꿀밤을 주고 멱살을 잡으며)
        근데 너 왜 밤낮없이 이 담벼락에만 붙어있냐?
        담 너머에 뭐가 있어? 응?

초코 : 그냥 벽이 넘어지기를 기다리고 있었어요.

빠빠 : 뭐 어째?

앙상블 : 안 돼!

초코 : 아녜요. 전 이 담을 너무 좋아하거든요.
(담을 쓰다듬고 애무하면 코러스들이 탄성과 애무의 신음소리
를 낸다)
보세요… 이 담엔 눈두 있고, 코두 있고, 입두, 그리고 다리두
있어요.
(그러다 파이의 다리를 보고 만지며)
미끈한 다리요…
(만질 때마다 탄성 소리를 대신 내주는 앙상블)

빠빠 : 시끄러! 뭐야? 담장에 눈, 코, 입, 다리가 있어?

앙상블 : 물론이죠. 겨드랑이도 있는 걸요.
(팔을 들고 있는 앙상블들의 겨드랑이를 만지며 간지럽힌다.
웃어 죽는 앙상블들)

빠빠 : 미쳤구나. 단단히 미쳤어…….
이 너머에 누가 있지? 안 되겠다.
저 위에다 가시철망을 쳐 놔야겠어!

파이 : (아픈 듯이) 아아!

빠빠 : '아아?' 무슨 소리야?

초코 : 상처 입은 작은 새요.

빠빠 : 새?

앙상블 : 새! (새소리) 지지배배……!

빠빠 : 무슨 새소리가 그래? 어디 보자.
　　　　(앙상블들을 밟고 올라가다가)
　　　　아이구! 이 놈의 신경통! 니가 올라가 봐라.

앙상블 : (서로 속삭이며) 안 돼……!

빠빠 :　뭐해?

초코 : 네. (올라간다)

빠빠 : 뭐가 보이냐?

초코 : 아직요… (파이를 보고 작은 소리로) 사랑해!

앙상블 : 사랑해

파이 : 나두…

빠빠 : 뭐? 너 뭐라 그랬어? 뭐냐?

초코 : 아녜요.

앙상블 : 초코에 파이

빠빠 : 뭐? 초코 파이! 무슨 소리야? 내려와! 내려오라니까.

초코 : 알았어요.

빠빠 : 이 집에 이사 온 뒤 니가 좀 수상해… 그래서 다음 달에 이사
　　　 가기로 했다.

초코 : 네?

파이 : (다시 아픈 비명) 아아!

빠빠 : 또 '아아'……?

초코 : 새가 앓는 소리예요.

앙상블 : 아, 아!

빠빠 : 사람 소린데? 아닌가?

파이 : 가슴이……!

빠빠 : 마음이?

앙상블 : (화음으로 노래처럼) 마… 음… 이…!

빠빠 : 그래. 내 마음이 결정됐어. 부산으로 간다.

초코/파이 : 안 돼!

빠빠 : 돼!

앙상블 : 안 돼!

빠빠 : 돼!

초코 : 아빠, 제 말 좀 들어보세요. 벽들도 잘 들어요…

앙상블 : 그래, 듣자. 들어보자…

초코 : 그리고 상처 입은 새도…

파이 : (새소리로) 그래!

초코 : (단호히) 전 절대 이사 안 가요! 네버 에버!

앙상블 : 네버 온 선데이. 네버 온 애니데이……

빠빠 : 뭐라구?

초코 : 전 여기가 좋아요. (씨 씨)
　　　여기서 살 거예요. (씨 씨)
　　　죽을 때까지 유 씨 (씨 씨)
　　　이 생명 다 바쳐 (씨 씨)
　　　한 사람 위해 유 씨 (씨 씨)

초코/파이 : 누가 뭐래도 누가 말려도 (유 씨)
　　　　　　우리는 하나 마음은 하나 (유 씨)
　　　　　　실 있는 곳에 바늘이 가고 (유 씨)
　　　　　　바람 가는 곳에 구름이 가듯 (유 씨)
　　　　　　우리는 하나 마음도 하나 (유 씨)

모두 : 여기가 좋아요 우린
　　　여기서 살 거예요

죽을 때까지 유 씨

이 생명 다 바쳐

한 사람 위해 유 씨 네버 에버 컴버 실버……

빠빠 : 높은 담을 쌓을 놈은 바로 너로구나!

너 안에 들어가서 '복종!'이라는 글자와 '맹종'이란 글자를 오

백 번씩 써. 어서!

(초코와 아빠 들어간다.

이때 파이 엄마가 나온다)

- 제 4장 -

마미 : 파이야! 파이! 아니 얘가 어딜 갔어?

　　　담장을 높이 쌓으면 뭘해?

　　　(관객에게) 안 그래요? (이어 랩으로)

　　　콩 심은 데 콩 나고, 팥 심은 덴 팥 나는 법이죠. 안 그래요?

　　　근데 요즘 애들은 다른가 봐요! 안 그래요?

　　　콩 심은 콩밭에서 아카시아 나무가 나오니… 안 그래요?

　　　(파이를 발견하고)

　　　아이구, 저기 있군!

　　　얘, 너 거기서 뭐해? 밤낮……

　　　남은 대학 간다구 밤낮 공부한다 학원 간다 난린데,

　　　넌 어쩌면 다른 애들 하구 그렇게….

앙상블 : '확!'

마미 : 다르냐? (앙상블들에게) 고마워!

　　　여기 뭐가 있어? 뭐라두 숨겨 놨냐구? 보물이라두 있어?

　　　안 되겠다. 특단의 조치를 해야지….

파이 : 뭐요?

마미 : 담장두 더 높이구 CCTV두 설치해야겠어.

파이 : 엄마! 괜히 돈 낭비하지 마세요.

마미 : (표정 표독하게 바꿔, 이를 갈며)
　　　내 손으로 직접 만들겠어. 들어가! 썩 들어가지 못해?
　　　(파이 들어간다. 사이.
　　　살금살금 담장 근처로 다가가 요들송처럼 부른다)
　　　아이렐렐루우!

빠빠 : (무대 밖에서) 요이렐렐루우!

　　　(두 사람 환희의 소리를 지르며 '왈칵' 담벼락 너머로 손을 맞잡고
　　　반기며 노래한다)

마미 : 됐어요!

빠빠 : 됐지!

마미 : 우리식대로

빠빠 : 됐지.

마미 : 이제 남은 건

빠빠 : 계획대로

마미/빠빠 : 실천하는 것!

　　　　　요즘 아이들 잔머리 굴리지만

　　　　　우리는 못 따라오지

　　　　　콩 심은 데 팥 나고

　　　　　팥 심은 덴 콩 나는 세상

　　　　　하지만 사랑은 언제나 같아.

　　　　　영원히 둘 중에 하나

모두 : 해피 엔딩 아니면 본 투 킬!

　(사이)

마미 : 신경통은?

빠빠 : 좋아지고 있어. 당신 근육통은?

마미 : 견딜 만해.

빠빠 : 일이 잘돼가고 있지!

마미 : 무슨 일?

빠빠 : 애들 일! 애들이 상사병에 걸렸어!

마미 : 아니 벌써? (둘이 웃는다)

빠빠 : 우리 앤 대학생인데 아직두 철부지야.

마미 : 우리 앤 어떻구! 제정신이 아냐.

빠빠 : 젊었을 때 우리두……

빠빠/마미 : 그랬잖아?

마미 : 어쨌든 계획대로 돼가고 있어.

빠빠 : 어쨌든 계속 원수지간인 척……

마미 : 어쨌든 연기 계속하자구……
근데 나중에 우리가 결혼하는 걸 알면 어떻게 되는 거지?

빠빠 : '뽕' 하고 기절할걸!

마미 : 뽕! 재밌어. 애들은 재밌어!

빠빠 : 단순해서 재밌지.

마미 : 그게 바로 사랑이야.

빠빠 : 사랑이 없으면

마미 : 진부하지. 재미없구. 쓸데없구.

빠빠 : 그래서 사랑은 달콤한 초콜릿

마미 : 그래그래, 사랑은 맛있는 캔디

빠빠 : 사랑은 나누는 것, 주는 것

마미 : 감사하고 경건하게 안는 것

빠빠 : 그래서 사랑은 끝이 없어.

빠빠/마미 : 영원하지. 죽음보다 값진 것……!
(대사로) 안 그래요?

빠빠 : 잠깐, 묘안이 하나 있어.

마미 : 뭔데?

빠빠 : 납치

마미 : 납치? 누가 누굴?

빠빠 : 우리가 파이를….

마미 : 당신과 내가?

빠빠 : (머리를 설레설레 하다가) 전문가!

마미 : 전문가?

빠빠 : 납치 전문가!

　(빠빠가 나팔을 꺼내 멋지게 신호를 주면,
　행진 북소리에 맞추어 납치범이 등장해 근사하게 인사한다)

납치범 : 뽕 쥬르!

마미 : 뽕 수아르르르!

빠빠 : 뽕 조르르르노!

마미 : 근데 저 사람들은?

빠빠 : 일당들……!

마미 : 짝패?

빠빠 : 한패!

마미 : 걸립패!

앙상블 : 구룹패!

빠빠 : 여하튼 저 패들이 '파이'를 납치하면,
　　　　우리 초코가 구하려구 할 거 아냐?

마미 : 아니면?

빠빠 : 아니면 왈패, 개패, 소패지…

마미 : 한바탕 전쟁이 벌어지겠네?

빠빠/마미 : (납치범한테) 안 그래요?

납치범 : (음흉하게 웃으며) 저희들이 져드리죠.

빠빠 : 빙고우! 바로 그거야! 그렇게 되면 초코는 영웅이 되고,
　　　　파이는 초코를 남자로서 더욱 신뢰하게 되는 거지.

마미 : 맞아! 사랑은 신뢰니까!

빠빠 : 맹고우!

(앙상블들이 쿨하게 박수친다)

마미 : 그럼 어떤 식으로 납치를 하지?

납치범 : (갑자기 옷을 벗는다. 멋진 몸매)
　　　　그거야 간단합니다. 우선 물이 필요하죠. 호수면 더 좋고…
　　　　교교한 달빛이 비치는 곳에서의 납치!

앙상블 : 넙치?

납치범 : 아니 달빛을 피해 숨어서 하는 납치!

앙상블 : 준치?

납치범 : 달밤의 납치는 언제나 '로우맨틱' 하죠!

모두 : 로우맨틱한 깔치!

납치범 : 자, 그럼 시작할까요? 사랑의 눈치 작전!

빠빠/마미 : 납치 작전!

납치범 : 나알치 작전!

　　　　자, 안 보면 평생 후회할 장면!

　　　　레디……? 액션!

（초코와 파이가 앙상블에 의해 마련된
화려한 숲속을 들어온다）

- 제 5장 -

초코 : 다 왔어. 여기야!

파이 : 멋지다!

초코 : 밤에 더 운치가 있거든?

앙상블 : (속삭이는 소리) 납치……!

파이 : 낮에두 멋지겠어.

앙상블 : (다시 속삭임) 불~치!

초코 : 안 무섭지?

파이 : 응, 좋아……!

앙상블 : 염~치!

파이 : (하늘을 올려다보며) 비가 올려나 봐. 구름이 잔뜩 끼었어.

앙상블 : 잔~치!

초코 : 추워? 옷 줄까?

파이 : 괜찮아

앙상블 : 멸~치!

초코 : 그제 빨았어….

　　(옷을 벗어서 걸쳐준다.
　　파이, 싫지 않다.
　　사이)

파이 : 이상해… 손이 떨려

초코 : 나두… 난 가슴이 울려

앙상블 : (앙상블들에 의해 만들어지는 풀벌레 소리 같은 음향의 속삭
　　　　임. 이후 배경음악으로 낮게 깔린다)
　　　　납치, 운치, 불치, 염치, 잔치, 명치….

파이 : 그래도 떨려

초코 : 나 때문에?

파이 : 아니? 몰라…

앙상블 : (앙상블들이 만들어내는 천둥소리) 납!치!

  (파이가 얼른 초코의 품속으로 뛰어든다)

초코 : 괜찮아?

파이 : 납치당할 것 같애. 무서워……!

초코 : 걱정마! 내가 있잖아!

  (둘이 본다. 그러다 서로 얼굴이 다가가는데,
  다시 천둥과 번개를 만드는 앙상블)

앙상블 : 납치 쾅! 염치 꽝……!

  (초코와 파이가 더욱 부둥켜 안는다)

파이 : 왜 그래?

초코 : 손이 떨려서…

파이 : 난 온몸이 떨려

초코 : 다리도 떨리는데…

파이 : 입술도 떨려

초코 : 난 코가

파이 : 난 전부

초코 : 떨려……!

앙상블 : 덩치가 떨려!

모두 : 들어봐요. 바람소리
　　　보세요. 나뭇잎 웃는 소리
　　　그리고 내리는 빗방울의 그림자
　　　메마른 마음을 적시네. 축하하네.

파이 : 비가 오면 비가 오면

초코 : 나뭇가지 잘라서

앙상블 : 벽과 기둥 세우고

파이 : 그곳에서 지내지.

모두 : 그곳에 살지
　　　비야 내려라.
　　　비야 내려라.
　　　마음속 단비야
　　　가슴속 단비야
　　　흥건히 적시어라
　　　축복의 단비야……

초코 : 비가 그쳤어!

파이 : 우리…
　　　여기서 살자! 여긴 벽두 담두 없잖아?

　　(M-3 음악이 흐르는 가운데)

초코 : 좋지. 자, 공주님! 밤의 궁전을 거닐어 보실까요?

파이 : 네, 왕자님!

　　(앙상블들에 의해 계속 아름다운 장소가 만들어진다)

초코 : 예쁘죠?
　　　자, 이제 행복과 기쁨이 가득한 '쵸코릿 파이 무도장'으로 가실
　　　까요?

파이 : 무도장? 아이 좋아!

(모두 춤을 춘다)

댄스 댄스 댄스 댄스
춤을 추어요. 랄랄랄라
세상에 일들 모두 춤 속에
가슴에 있는 미움도 춤 속에
사랑도 미움도 슬픔마저도
추억을 만들어요 친구를 만나요
댄스 댄스 댄스 댄스

댄스 댄스 댄스 댄스
춤을 추어요. 랄랄랄라
어려운 사연들 모두 춤 속에
가슴에 있는 미움도 춤 속에
사랑도 슬픔도 행복마저도
추억을 만들어요 친구를 만나요
댄스 댄스 댄스 댄스……

(춤이 끝날 무렵, 납치범들이 나타난다.
관객들에게 조용히 하라고 손짓까지 한다.
손에 우스꽝스럽게 커다란 잠자리채를 들고 있다)

납치범 : 잡아라!

(강렬한 북소리.
앙상블들이 뛰쳐나온다.
놀란 파이, 초코의 품속에 기어든다.
그러나 납치범들 파이를 납치한다.
초코는 겨우 정신을 차려 납치범들과 싸운다.
싸움이 절정에 달한다.
이윽고 초코와 파이가 납치범들을 모두 마루에 쓰러뜨린다)

파이 : 이겼어!

초코 : 그래, 해냈어! 우리가 악당들을 물리쳤어!

파이 : 무서워! 도망가! 어서!

(도망간다.
앙상블들이 초코와 파이가 나간 곳을 살펴보다가, 다시 얼른
눕는다. 초코와 파이가 다시 들어온다)

초코 : 우리가 사람을 죽인 건 아니지?

파이 : (누워있는 앙상블들을 만져보고) 잠시 기절했을 뿐이야.

초코 : 가자, 이쪽으로!

(두 사람 뛰어나간다.
빠빠와 마미가 이어서 급히 들어온다)

마미 : 이게 뭐야?
(누운 납치범들을 깨우며) 이봐! 일어나! 일어나라구!

납치범들 : (일어나며) 어휴! 어깨!
허리야! 팔이야! 다리야! 머리야……!

빠빠 : (웃으면서) 멋있는 장면 만들기였어! 좀 더 길었으면 좋았는
데……?

납치범들 : (모두 상처 부위를 만지며) 네……? 뭐라구요?

마미 : 우리가 그랬잖아. 한 장면 한 장면 중요하다구… 싱겁긴? 이제
그만 가봐!

납치범 : 주셔야죠!

마미 : 뭘?

납치범 : 돈!

빠빠 : (주면서) 영수증!

납치범 : 현금 영수증 아님 간이 세금 영수증요?

마미 : 둘 다!

납치범 : (주면서) 쳇! 남는 게 없네….

(모두 아픈 부위를 만지면서 앙상블들 궁시렁거리며 퇴장한다.
빠빠와 마미, 자신들 계략이 성공했기 때문에 펄쩍펄쩍 뛰며 기뻐
한다)

- 제 6장 -

빠빠 : 친구!

마미 : 애인!

빠빠 : 자기!

마미 : 연인!

빠빠 : 프렌드!

마미 : 아미고!

빠빠 : 이제 담은 필요 없어.

마미 : 정원은 하나가 될 거구. 우린…

빠빠 : 일심

마미 : 동체

빠빠 : 융—

마미 : 합—

빠빠 : 합-

마미 : 융-

빠빠 : 합-

마미 : 일-

빠빠 : 일-

마미 : 심-

빠빠 : 동-

마미 : 체-

(두 사람 포옹한다.
사이)

빠빠 : 저기 애들이 와. 잠깐 숨읍시다!

마미 : 의기양양하군……

빠빠 : 아직 애들이니까!

　(빠빠와 마미가 다시 담벽이 된 앙상블 뒤로 숨는다.
　초코와 파이가 들어오며)

초코 : 멋진 싸움이었어.

파이 : 악당들! 그 우악스런 손에다 리본을 매놨어. 평생 안 풀어질 거야.

초코 : 내가 그냥 당할 줄 알았나부지?

파이 : 일기장에 써둘 만한 일이었어.

초코 : 기념비가 더 낫지 않을까?
　　　"여기 초코와 파이 두 영웅이 300명의 악당들을 물리치다!"
　　　(앙상블들 일제히 박수를 친다.)
　　　어때? 기념비를 세우자.

파이 : 담 옆에다……!

초코 : 그래. 바로 이 자리. 너와 내가 아빠 엄마 몰래 만나는 곳.
　　　모두 내가 죽인 거야.

파이 : 그래 맞아! 오빠, 멋져!

(파이가 초코에게 키스한다.
그때 빠빠와 마미가 그들에게 다가온다)

빠빠 : 자만심!

마미 : 성가심!

빠빠 : 이기심!

마미 : 방심!

초코 : (놀라서) 아빠!

파이 : 엄마!

초코 : 뭐하시는 거예요?

빠빠 : 뭐하긴……! 니들 생각엔 그 악당들이 진 것 같냐?

초코 : 무슨 말씀이세요?

　(마미가 영수증을 꺼내든다)

파이 : 그게 뭐예요?

빠빠 : 그놈들에게 받은 영수증

초코 : 네?

마미 : 합의하고 받은 영수증

파이 : 아니, 그럼!

초코 : 두 분이……?

파이 : 짜고 친……?

초코 : 가짜……?

초코/파이 : 납치극?

　(웃는 빠빠와 마미)

초코 : 두 분은 원수지간

파이 : 아니었나요?

빠빠 : 그거야 우리가……

마미 : 짜고 한 거지.

빠빠/마미 : 인생은 연극, 연극 같은 거지.

초코 : 그럼 저 담은?

  (앙상블들이 손을 흔든다)

앙상블 : 우리도 연극 배우, 연기한 거지. 그리고

마미 : 우리가 세운 거지.

초코 : 맙소사!

파이 : 맙소사!

초코 : 얼씨구!

파이 : 절씨구!

초코 : 그럼 납치도 진실이

파이 : 아니었단 말이죠?

초코 : 그 멋진 호수도?

파이 : 아름다운 달빛도?

앙상블 : 모두 다!

초코/파이 : '연극'이었단 말예요?

모두 : 연극 연극 연극 연극……!
　　　 장면 장면 장면 장면……!

파이 : 엄마 나빠요.

초코 : 우릴 바보 취급했어.

　　(노래가 끝나자마자 빠빠와 마미 사라진다.
　　 이어 앙상블들 두 사람의 싸움을 구경한다)

제 7장

파이 : 흥! 꼴 좋다. 바보!

초코 : 뭐?

파이 : 바보라구!

초코 : 누가?

파이 : 누군 누구야?

초코 : 말 조심해!

파이 : 꼭두각시

초코 : 그만해!

파이 : 바보 영웅! 멍청이!

초코 : (버럭) 그만하라니까!

파이 : 흥! 숙녀에게 말버릇 좀 봐! 철 좀 들어야겠군.

초코 : 뭐, 철 좀 들라구? 야! 고딩 기집애가 … 니 말투는?

파이 : 어머! 기집애? 사과해! 얼른!

앙상블 : (초코를 보고) 심했다~

초코 : 넌 아직 미성년자야! 덜 돼먹은……

파이 : 호오, 매우 감정적이신데.

초코 : 그래! 감정적, 감성적이다. 왜? 이 주근깨, 기미… 여드름….

파이 : (격분하여) 안 돼! 거짓말! 저리 가!

초코 : 이것 봐. 잔뜩 바른 파운데이션에… 주근깨에 여드름!

파이 : 안 돼. 싫어!

초코 : 스무 살도 안 된 게 향수나 뿌리고 다니구….

파이 : 넌 뭐가 잘나서? 위선자!
      정원에서 나한테 '작업'한답시고 삼류 시나 읊조리고,
      낚싯줄에 달이 걸리기를 기다리는 몽상가……
      흥! 지가 무슨 영웅이라구.

초코 : 뭐? 다시 얘기해 봐! 이 젖비린내 나는 게!

파이 : 뭐? 개?

초코 : 그래, 게!

앙상블 : 그만해!

파이 : 말 다했어?

초코 : 더 말해 줘?

앙상블 : 그만!

파이 : 좋아! 말해 봐!

초코 : 너, 아빠 있어? 니 엄마 이혼 당했지?

파이 : 그게… 어때서?

초코 : 그러니까 그렇게 버릇이 없지!

앙상블 : 안 돼!

파이 : 좋아. 그런 전?

앙상블 : 그만!

파이 : 니 엄마 도망갔지?

앙상블 : 그만!

초코 : (코를 막으며) 냄새!

파이 : 냄새?

초코 : 냄새! 암내!

    (파이가 정말 세게 초코의 뺨따귀를 때린다.
    너무 세게 때려서 앙상블들도 쓰러진다)
    (긴 사이)

초코 : 좋아! 끝내자!

파이 : 흥, 누가 무서워할 줄 알구?

초코 : 그래. 이 밖에는 더 넓은 세상이 있지.
     더 많은 여자들이 있어. 쭉쭉빵빵 더 예쁜 여자들….

파이 : 치, 성형미인들······?

　　　(손으로 얼굴을 바꿔가며) 비포어, 아프터······!

초코 : 나쁜 짓도 할 거야.

파이 : 어떤?

초코 : 소개팅, 미팅, 헌팅··· 춤두 추고, 술두 마시구···.

파이 : 누가 말려?

초코 : 콧수염도 기르구 문신도 하는 거야.

앙상블 : 그만해!

파이 : 과연 어울릴까?

초코 : 여자하구두 자는 거야.

앙상블 : 안 돼!

　　　돼!

　　　안 돼!

　　　돼!

파이 : 좋아! 나두 아무 남자하고 잘 거니까…….

초코 : 도둑질만 빼고 다 해볼 거니까! 도박, 협박, 외박, 숙박…….

파이 : 난 그렇게 못할 줄 알고?

초코 : 빠이

파이 : 빠이

앙상블 : 빠이?

초코 : 잘 있어!

앙상블 : 못 있어……!

파이 : 잘 가!

앙상블 : 가면 안 돼! 컴백 투 미!

초코 : 네버 에버!

초코 : 굿 바이 굿 바이 안녕

앙상블 : 안녕

파이 : 굿 바이 굿 바이 안녕

앙상블 : 안녕

초코 : 떠나는 마음은

앙상블 : 마음은

초코 : 푸른 솔처럼

앙상블 : 솔처럼

초코 : 희망을 가져요.

앙상블 : 가져요.

파이 : 보내는 마음은

앙상블 : 마음은

파이 : 푸른 물처럼

앙상블 : 물처럼

파이 : 씻어 준대요.

초코 : 안녕

앙상블 : 굿 바이

파이 : 안녕

앙상블 : 굿 바이

모두 : 우리는 영원한 이별 속에 마음 아파요.
　　　안녕
　　　굿 바이
　　　안녕
　　　굿 바이
　　　안녕… 굿 바이…
(그들은 헤어진다. 앙상블이 손가락을 튕기자, 그들은 멈추고 그대
로 웅크리고 선다.
앙상블이 두 사람의 얼굴에서 눈물을 받아 '눈물 항아리'에 넣는다.
마디 마디 피아노 건반이 방울처럼 계속 연주된다)

앙상블1 : 이만한 눈물이면 충분해…

앙상블2 : 충분해!

앙상블3 : 이 작은 눈물방울

앙상블4 : 눈물방울 방울 방울

앙상블5 : 수정 같은 눈물방울

앙상블6 : 방울 방울 방울 방울……

앙상블7 : 닭똥, 토끼똥, 염소똥 같은 눈물방울

앙상블8 : 방울 방울 방울 방울……

(조심스럽게 앙상블들이 항아리를 신줏단지 모시듯 서로 돌려가며 본다. 초코는 뛰어나가고)

앙상블9 : 새가 자라면 둥지를 떠나지.

앙상블10 : 떠나지.

앙상블11 : 알이 깨면 부화가 되고

앙상블12 : 부화가 되고

앙상블13 : 애가 커서 소년이 되지.

앙상블14 : 소년이 크면 청년이 되고

앙상블15 : 청년이 되면 집을 떠나지.

앙상블16 : 떠나게 되지!

앙상블17 : 젊은이여!

앙상블18 젊은이여!

앙상블19 : 갈 테면 가라.

앙상블20 : 가라!

앙상블21 : 하지만 아가씬 있어야 해.

앙상블22 : 있어야만 해!

앙상블23 : 그렇게 세월은 흘러가는 법이니까.

앙상블 : 모두 흘러가니까……!

- 제 8장 -

(무대는 분주한 길거리로 변한다.
강렬한 비트의 연주 음악이 깔리고,
앙상블 하나가 선글라스를 끼고 오토바이를 질주하고 다닌다.
경적소리, 호각소리, 비명소리 등의 세상 요지경 풍경이 펼쳐진다.
그 사이로 나타나는 초코.
마치 한 마당 꿈같은 광경이 벌어진다.)

초코 : 길 건너 저편엔 빛나는 세계가 있네.

앙상블 : (괴성과 같은 목소리로 화답한다)
        어두운 절망이 있지.

초코 : 반짝이는 희망의 세계가 있네.

앙상블 : 음흉한 사기꾼들이 있고 (초코의 주머니에서 지갑을 강탈하고)

초코 : 아름다움이!

앙상블 : 굶주림이! (칼로 위협한다)

초코 : 영광이!

앙상블 : 절망이! (술병을 초코에게 준다)

초코 : 성공이!

앙상블 : 실패가! (마리화나를 준다)

초코 : 근심 걱정이 없고

　　(강력한 마약을 준다. 팔뚝을 걷고 주삿바늘을 꽂는 초코.
　　일그러진 우리의 젊음이 있다)

파이 : (옆에서 지켜보다가 몸서리치며)
　　고통이 산처럼 바다처럼 놓여있네.

초코 : (비틀거리며, 기어다니며) 그래, 세상은 넓어. 세상은 끝이 없지.
　　(지나가는 앙상블들을 보고 소리친다)
　　여기요! (앙상블에 맞아 튕겨진다)
　　여기! 살려주세요! (불량배가 다가와 발로 걷어찬다. 쓰러지는
　　초코)
　　물… 물 좀… (한 여자가 다가와 젖을 물린다. 기겁하는 초코)
　　먹을 것 좀 주세요! 배고파요! (앙상블이 다가와 물을 끼얹는다.
　　나가떨어지는 초코.
　　웃는 앙상블들)
　　아파요! 너무 아파! 아파! (앙상블이 다가와 채찍으로 때린다. 비

명 지르는 초코.
광란에 만끽하는 앙상블들. 음악이 멎는다)

(침묵.
앙상블들이 담요로 초코를 덮어서 시체를 끌고 가듯 나간다.
사이.
담장 근처를 서성이는 파이.
빠빠와 마미가 등장)

마미 : 얘, 들어가! 그러다 감기 걸릴라. 어서…!
      (빠빠에게) 연락 없죠?

빠빠 : 전화 한 통 없어요. 떠난 지 한 달인데 이메일두, 편지두….

마미 : 돌아오겠지요?

빠빠 : 딸내민……?

마미 : 저렇게 동상처럼 꼼짝 않고 있어요.

빠빠 : 가여운 것!

마미 : 이제 이 담장두 쓸쓸해 보여요.

앙상블 : 저희두 그렇거든요!

빠빠 : 이놈들두 보고 싶겠지.

앙상블 : 네에! 정말요….

마미 : 이제 이것두 철거해 버립시다.

앙상블 : 안 돼!

빠빠 : 그럴까?

파이 : 아뇨! 놔 두세요. 어른들 맘대로 쌓았다가 맘대로 없애버리는
        그런 건 아니에요.

앙상블 : 그럼요!

마미 : 파이야, 그게 아니구……

파이 : 됐어요. 상의하실 일이 있으면 들어가셔서 말씀 나누시죠.

빠빠 : 그래. 콩 심은 데 콩 나고, 팥 심은 데 팥 나는 법이야.
        들어갑시다.

(두 사람 들어간다)

파이 : (담장을 올려다보며) 그 위에선 뭐가 보여?

앙상블 : 모든 게!

파이 : 모든 게? 그럼 세상두 초코 오빠두 보여?

앙상블 : 보고 싶어?

파이 : 음… 그냥 궁금해서….

앙상블 : 다시 물어볼게. 오빠 보고 싶어?

파이 : 응. 올라가두 돼?

앙상블 : (서로 얼굴을 맞대고 의논하는 앙상블들. 고개를 끄덕이며)
        컴 온! 스텝 업!

파이 : 땡큐!

앙상블 : 데리앙!

파이 : (앙상블 위로 올라간다. 주변을 살피다가) 안 보이네.

앙상블 : (파이 무게 땜에 힘들어 하며) 시간이 좀 걸려.

　　　(사이)

파이 : 우리 집밖에 안 보여. 오빠네 집하구….

앙상블 : (더 힘들다) 글쎄, 좀 걸린다니까!

파이 : 빨리 보구 싶은데……

　　(사이)

　　(뜬금없이) 나 어때? 예뻐? 매력적이야?

앙상블 : (더 힘들다) 약간

파이 : 책에 있는 것처럼 세상이 다 그래?

앙상블 : 책 나름이지.

파이 : 데려다 줘.

앙상블 : (놀라며) 어디?

파이 : 바깥 세상! 다녀보구 싶어. 초코 오빠두 보구 싶구.

앙상블 : 정말?

파이 : 응! 정말.

앙상블 : 실망할 텐데?

파이 : 그래도……

앙상블 : (서로 쳐다보며) 그럼 하는 수 없군!
　　　　(파이를 내려 놓고는) 자, 눈 감아!

파이 : 왜?

앙상블 : 눈 감으라구…. 세상은 술래잡기 술래찾기거든……

　　　(파이의 눈을 붕대로 감고 돌게 만들며 노래한다)

빙 빙 돌아라
신나게 돌아라
빙 빙 돌아라
신나게 돌아라!
고추먹고 맴맴
달래먹고 맴맴
빙 빙 돌아라
새벽이 될 때까지
빙 빙 돌아라

신나게 돌아라
빙 빙 돌아라
신나게 돌아라!

파이 : 어디까지 왔니?

앙상블 : 청주까지 왔다

파이 : 어디까지 왔어?

앙상블 : 대전까지 왔다

파이 : 어디까지 왔니?

앙상블 : 대구까지 왔다

파이 : 어디까지 왔니?

앙상블 : 경주까지 왔다

파이 : 어디까지 왔니?

앙상블 : 광주까지 왔다

파이 : 어디까지 왔니?

앙상블 : 전주까지 왔다

파이 : 어디까지 왔니?

앙상블 : 목포까지 왔다

파이 : 어디까지 왔니?

앙상블 : 부산까지 왔다⋯ 다 왔다⋯⋯!

(음악이 계속 흐르며, 앙상블들이 파이에게 커다란 3D 안경을 준다.
이윽고 무대는 초코의 세상에 휩쓸리는 모습을 재현으로 보여준다.
세상살이 모습이 한 편의 영상처럼 보여진다.
술 마셔대는 모습, 여자 유혹에 넘어가는 모습, 얻어맞는 모습,
경찰에 쫓기는 모습 등등)

- 제 9장 -

파이 : (안경을 벗어 던지며) 그만! 그만 볼래! 무서워! 무서워……!

앙상블 : 세상은 요지경.
　　　　깨진 얼굴처럼 일그러져 있지.
　　　　불투명한 회색의 무덤.
　　　　헝클어진 실타래,
　　　　끝없는 골목길,
　　　　꽉 막힌 터널,
　　　　안개 낀 물속,
　　　　늪과 숲,
　　　　숲과 늪,
　　　　늪과 숲……!

　　　　(이때 음악과 함께 초코가 지쳐 돌아온다. 누더기로 온몸을 감싼
　　　　채….)

초코 : 길 건너 저편엔 절망이 있고

앙상블 : 이편엔 빛나는 희망의 세계가 있지.

초코 : 음흉한 사기꾼들이 있고

앙상블 : 아름다움이!

초코 : 굶주림이!

앙상블 : 영광이!

초코 : 절망이!

앙상블 : 실패와 좌절

초코 : 그 뒤엔 성공

앙상블 : 잊지 않았겠지?

초코 : 파이?

파이 : 초코!

초코 : 파이!

파이 : 초코……!

앙상블 : 초코와 파이!
　　(사이

비로소 깨어난다)

파이 : 오빠! 얼굴이 왜 이래?

초코 : 응, 그냥….

파이 : 무슨 일 있었어?

초코 : 응. 세상만사

파이 : 세상만사?

초코 : 내가 바보였어. 파이랑 같이 있는 건데….

파이 : 아니! 초코 오빠, 내가 미안해. 용서해줘.

초코 : 이제 알았어.

파이 : 뭘?

초코 : 우린……

파이 : 우린……

파이/초코 : 사랑하고 있는 거야.

앙상블 : 맞아!

　(둘이 포옹한다.
　앙상블들이 박수친다)

파이 : 보고 싶었어.

초코 : 나두… 아! (아파한다)

파이 : 많이 다쳤어?

초코 : 응…

파이 : 내가 봐줄게.

초코 : 기다렸어? 나…?

앙상블 : 그럼!

초코 : 얼만큼?

파이 : 하늘만큼!

앙상블 : 땅만큼!

　(둘이 다정히 껴안는다. 빠빠와 마미가 나온다)

마미 : 봐요!

빠빠 : 애들이 돌아왔어.

마미 : 이제 담을 없앱시다.

빠빠 : 그래야지! 이제 담도 제갈길을 가야지.

앙상블 : 고맙습니다. 뿔뿔이 해산!

　(담들이 모두 초코와 파이에게 스킨십으로 인사하며
　뿔뿔이 흩어진다)

빠빠 : 자! 이제 해피엔딩 끝을 내야지?

앙상블 : 네!

마미 : 초코와 파이부터!

초코/파이 : 네!

초코 : 안녕히 아쉽게

파이 : 조용히 즐겁게

빠빠 : 우리는 한 가족

마미 : 우리는 한 지붕

앙상블 : 담을 없애요
　　　　마음의 담을
　　　　서로의 담을
　　　　거두어요
　　　　손뼉 치듯
　　　　짝짝짝…
　　　　노래하듯
　　　　랄랄라…
　　　　춤추듯
　　　　파이브 식스 세븐 에잇
　　　　벽이여 안녕
　　　　담벽이여 안녕
　　　　우리는 한 가족
　　　　우리는 한 지붕
　　　　아쉬운 작별은
　　　　잠깐의 이별

또 만나요 다음에

또 만나요 언젠가

그래서 이별은

슬프지 않아

그래서 이별은

외롭지 않아

안녕… 안녕…

안녕… 안녕…

(천천히 막이 내린다)

* 위에 제시한 작품들은

작가의 동의 없이는 무단 복사나 공연을 절대 금합니다.

장두이(배우/연출가/극작가)

1. 학력
신일고등학교 졸업 (1970)
고려대학교 국문과 졸업 (1974)
서울예술전문대학 연극과 졸업 (1977)
서울예술전문대학 무용과 졸업 (1978)
동국대학교 대학원 연극영화과 1년 수료 (1977-1978)
뉴욕 New School 뮤지컬 학과 수업 (1978-1979)
뉴욕 머스 커닝햄 무용학교 수료 (1979-1981)
뉴욕 브루클린 대학원 연극과 연기 전공 석사과정(MFA) 이수 (1979-1983)
뉴욕 Actor's Studio/Lee Strasberg 학교 연기 수업과정 (1982-1983)
뉴욕 H.B Acting Studio 연기 수업과정 (1983-1984)

2. 경력
(1978-1994) 공연 단체 '알 댄스 디어터 사운드'를 뉴욕에서 설립.
　　　　　 60여 편의 연극, 무용, 음악 공연을 미국, 캐나다, 일본, 유럽 등지에서 함.
(1979) '베를린 영화제'와 '함부르크 국제연극제' 참가
(1980-1992) 뉴욕 '코리언 퍼레이드' 예술감독 역임 (뉴욕 한인회 주최)
(1983) 파리 'Peter Brook 극단'의 상임 단원
(1983-1987) 'Grotowski 극단'의 수석 단원
(1987-1993) Koo Dance Company 수석 무용수
(1992-1994) Lo Lan Dance Company 수석 안무자 역임
(1989-1994) 뉴욕 한국 방송 (KBC New York) 라디오 - '굿모닝 아침의 산책'/'뿌리 깊은 남기 바람에
　　　　　 아니뮐세' 진행 KBC - TV '장두이의 뉴욕 데이트' 프로그램 진행 및 연출
(1978-1994) 뉴욕 La Mama 극단 수석 연기자
(1992-현재) 뉴욕에서 극단 'KORUS PLAYERS를 창단 대표 역임
(1994-1995) KBS '아침을 달린다'에서 '장두이 문화 광장' 진행
(2001) CBS-FM 영화음악 '수요 초대석' 고정 출연
(2006) SBS-TV 토요 모닝 와이드 '장두이의 최고의 1박 2일' 진행
(2007-2010) SBS-TV 토요 특집 모닝 와이드 "리얼 드라마 우리 동네 미스테리",
　　　　　 "명물따라 삼천리" 명탐정으로 출연 및 진행.
　　　　　 "OLD & NEW" 진행

3. 강의 경력
(1978-1979) 뉴욕 TWITAS가 주관하고 UN, 록펠러 재단, 괴테 하우스가 후원한 'Childyear Culture
　　　　　 Corps Project'에 세계 36개국 예술가 가운데 한국 대표로 참가, UN이 제정한 '어린이
　　　　　 의 해'를 맞아 8개월간 청소년을 위한 교육예술공연, 세미나, 학교 워크숍 등을 가르치
　　　　　 고 공연함.
(1979) 독일 최고의 어린이 전문 극단인 'GRIPS' 극단 초청으로 베를린과 함부르크에서 청소년 연극
　　　　 공연과 워크숍에 참가.
(1980-1994) 뉴욕 LaMama 극단에서 특별 연기 워크숍 주관
(1983-1986) 멕시코, 이태리, 미국 등지에서 그로토우스키 연기 훈련 방법론 워크숍
(1994-1996) 서울에서 청소년들을 위한 '장두이 연극 교실' 워크숍 및 강의

(1995-1998) 경기대학교 건축대학원 '밖에서 보는 건축' 강의
(1995-1997) KBS '슈퍼 탤런트' 연수 연기교육 강의
(1995-1996) 한얼 공연 예술학교에서 연기 메소드 강의
(1996-1997) 중앙대학교 연극과 강의
(1998-1999) 대구예술대학 사진과 강의
(1999) 효성 가톨릭대학 성악과 강의
(1999-2002) 가천의과대학에서 국내 최초 '메디컬 드라마' 강의
(1998-2000) 배우 전문 학원 mtm 강의
(2001) 배우협회 주관 '연기자를 위한 즉흥극 훈련' 강의
(2000-2005) 청년 의사 아카데미 '역할극(Role Play)' 강의
(2006) 한국 연극 배우협회 '배우 심화 교육과 단기 재교육' 강의
(2007) 카이스트 '나다센터' 청소년들을 위한 첨단 뮤지컬 강의 및 공연
(1996-2003) 대경대학 연극 영화과 전임 교수
(2004-2009) 인덕대학 방송 연예과 교수
(2009) 한서대학교 대학원 연기 전공 교수
(2010- 2014) 서울예술대학 연기과 교수
(2011-현재) 각당 복지재단 주관 노인들을 위한 세계최초 웰다잉 강의 및 공연
　　　　　〈현재까지 국내 각지에서 100회 이상 공연〉
(2014) SK 플라톤 아카데미 청소년을 위한 '인문학 강연 공연' 〈6회 강연 및 공연〉
(2014년-2016년) 한국국제예술원 연기영상 예술학부 교수
(현재) 국민대학교 미디어 연기예술학부 교수

4. 주요 출연 작품

연극
(1970) 대머리 여가수 (고대 강당) - 소방소장 -
(1971) 위대한 훈장 (명동 예술 극장) - 열쇠 장수 -
(1976) 일인극 '크라프 마지막 테잎' (극단 세대) - 크라프 -
(1977) 아득하면 되리라 (극단 가교/제1회 대한민국 연극제) - 거북이 -
(1978) Liturgy (뉴욕 UN 오라토리움 극장) - 제사장 -
(1979) 춘향 그리고 태을성 (뉴욕 오픈 스페이스 극장 / 독일 TIK 극장) - 태을성 -
(1981) GODOT plus GUT (뉴욕 Theater for the New City 극장) - 블라디미르 -
(1982) Camino Real (뉴욕 거쉬인 극장) - 벙어리 곱추 -
　　　　파리의 '피터 브룩' 극단 참가 (마하바라타)
(1983) The Tibetan Book of The Dead (뉴욕 라마마 극장) - 죽은 자 -
(1986) 그로토우스키 극단 '디디무스', '미스테리 플레이'공연
(1986-1987) 뮤지컬 'Agamemnon' (이태리 스폴레토 페스티벌 참가작/뉴욕 라마마 아넥스 극장/이
　　　　태리 투어) - 아가멤논 장군 -
(1986) 뮤지컬 'Medea' (스폴레토 야외 극장) - 동방인 -
(1987) 뮤지컬 'Oh, Jerusalem' (링컨센터/이스라엘 예루살렘 극장) - 여행자 -
(1989) 일인극 '태평양 로맨스야' (LA 스페이스 311/동숭아트센터) - 서봉달 -
　　　　The Fallen Angel (뉴욕 46 플레이 하우스) - 떨어진 천사 -
　　　　뮤지컬 'Moses and Wandering Dervish' (코네티컷 주 오스틴 극장) - 더뷔쉬 -
　　　　뮤지컬 'Yanus'(뉴욕 라마마 아넥스) - 러버 -
(1990) 138개의 풍경이 있는 대화 (뉴욕 Cash Performance Space 극장) - 가수 -

(1992) Strangers (뉴욕 샬리코 극단/워싱턴 스퀘어 극장) - 이방인 -
(1994-1995) 첼로 (극단 전망/문예회관 극장) - 인테리어 디자이너 -
(1994) 뮤지컬 '바람 타오르는 불길' (극단 자유/예술의 전당 토월극장) - 남자 -
(1995) 청바지를 입은 파우스트 (실험극장) - 메피스토펠레스 -
       MBC 마당놀이 옹고집전 (정동극장 및 전국 13개 도시) - 돌쇠 -
(1996) 뮤지컬 '고래사냥' (환 퍼포먼스/예술의 전당 오페라 하우스) - 왕초 -
       세종 32년 (국립 국악원 예악당 개관 기념 공연) - 세조 -
       달빛 멜로디 (은행나무 극장) - 사나이 -
(1997) 맨하탄 일번지 (극단 전망/성좌 소극장) - 상준 -
       밧데리 (극단 르네상스) - 스탠 -
(1998) 천상 시인의 노래 (극단 즐거운 사람들/문예 예술 대극장) - 저승사자 -
(2000) 바다의 여인 (서울 국제 연극제 개막 작품/문예 예술 대극장) - 뱃사람 -
(2001) 바리공주 (극단 현빈/세종문화회관/서울 공연예술제 참가작) - 사자대왕 -
(2002) 유리 동물원 (우리 극장/알과 핵 극장) - 톰 -
       게임의 종말 (극단 미학/국립극장 별오름 극장) - 햄 -
(2003) 1인 뮤지컬 '춤추는 원숭이 빨간 피터'(극단 향/알과 핵 극장) - 피터 -
(2004) 파우스트 (극단 미학/문예회관 예술 대극장) - 메피스토펠레스 -
       햄릿 (연극 열전 참가작/동숭 아트센터 대극장) - 클로디어스 왕 -
       공주 아시아 일인극 연극제 1인 뮤지컬 '춤추는 원숭이 빨간 피터' (공주 민속극 박물관) - 피터 -
       길 (백성희 선생 연기 60주년 기념 연극/문예회관 예술 대극장) - 아들 -
       배비짱 (김상열 연극 사랑회/인켈 아트 홀) - 배비장 -
(2005) 국악 뮤지컬 '한강수야' (세종문화회관) - 광대 -
       뮤지컬 '당나귀 그림자 재판' (국립극장 해오름 극장) - 선장 -
       1인 뮤지컬 '돌아온 원숭이 빨간 피터' (인켈 아트 홀 극장) - 피터 -
(2006) 제1회 뉴욕 한국 연극제 참가 (1인 뮤지컬 '춤추는 원숭이 빨간 피터' : 뉴욕 Theater for the
       New City 2월 6일~12일) - 피터 -
       뮤지컬 '당나귀 그림자 재판' (아르코 대극장/연극인 복지재단기금 마련 공연) - 선장 -
       국악 뮤지컬 '영평 팔경가' (포천 반월 아트 홀 대극장) - 여행자 아버지 -
       장두이의 황금 연못 (대학로 극장) - 장만중 -
(2007) Korean Shaman Chants (뉴욕 카네기 홀) - 혼 -
       국악 뮤지컬 '흐르는 강물처럼' (안산 문화예술회관 대극장/의정부 문화예술회관 대극장) - 광대
       물속의 집 (블랙박스 디어터/극단 뿌리 30주년 기념) - 아들 -
(2008) 아버지가 사라졌다 (극단 여인극장 123회 공연/알과 핵 극장) - 아버지 -
(2009) 등대 (대학로 예술극장 대극장) - 박일우 -
       사랑을 주세요〈원제: Lost in Yonkers〉 (블랙 박스 극장) - 루이 -
(2010) 뮤지컬 '영웅을 생각하며' (교육문화회관 대극장) - 호암의 혼 -
(2011) 한강의 기적 (알과 핵 극장) - 박정희 -
(2012) 아메리칸 환갑 (게릴라 극장) - 전민석 -
       오, 독도! (뉴욕 SECRET THEATRE) - 이방인 -
       쥐덫 (SH 아트 홀) - 트로트 형사 -
       뮤지컬 '스크루지와 성냥팔이 소녀의 화이트 크리스마스' (경기도 문화의 전당 대극장) - 스크루지
(2013) 음악극 '나비야 저 청산에' (남산 드라마센터) - 연산 -
       거위의 꿈 (산울림 소극장) - 꿈1 -
(2014) 소풍가는 날 (김천 국제 가족 연극제 참가) - 품바 -
       DJ 짱 (제3회 남이섬 국제 원맨쇼) - 디제이 짱 -
(2015) 40 캐럿 - 연상의 여인 - (예그린 극장) - 에디 -

오늘 또 오늘 (예술의 전당 자유 소극장) - 성민 -
리어왕 (명동 예술 극장) - 리어왕 -
벚꽃동산 (세종 M 디어터) - 가예프 -
조씨고아 (명동 예술 극장) - 도안고 -
(2016) 혈맥 (명동 예술 극장) -깡통-
Dame Story, Different Day (뉴욕 The Secret Theatre) - 리성민 -
(2017) 청이는 왜 인당수에 몸을 던졌나? (전국 순회공연) - 해설자/뱃사공 두목 -

영화
(1976) 어디서 무엇이 되어 다시 만나리 (홍파 감독 - 대영영화사 제작) - 청년(조연) -
(1977) 불 (홍파 감독 - 합동영화사 제작) - 사내(조연) -
(1982) Water's Life (유진 올샨스키 감독-미국 C- Mas 인디펜던트 필름 제작) - 샤만(주인공) -
(1985) 깜보 (이황림 감독 - 합동영화사 제작) - 깜보(주인공) -
(1995) 마스카라 (이훈 감독 - 훈 프러덕션 제작) - 조사장(주연) -
(1997) 인연 (이황림 감독 - 율가 필름 제작) - 홍신소 직원(조조연) -
(1998) 러브 러브 (이서군 감독 - 박철수 필름 제작) - 대장(조연) -
(2000) 천사몽 (박희준 감독 - 쥬니 파워 제작) - 대신(조연) -
교도소 월드컵 (방성웅 감독 - 신씨네 제작) - 개심통(주연) -
(2001) 성냥팔이 소녀의 재림 (장선우 감독 -기획시대 제작) - 방위대장(조연) -
(2002) 뚫어야 산다 (고은기 감독 - 태창영화사 제작) - 두목(조조연) -
(2003) 써클 (박승배 감독 - 메가 필름) - 조법사(조조연) -
(2006) 천국의 셋방 (김재수 감독 - 씨네 힐) - 고물장수(조연) -
(2011) 사랑해 혜원아 (김지현 감독 - 대진필름) - 형석(조연) -
(2013) 청야 (김재수 감독 - 꿈굴 권리) - 종규 아재(조연) -
(2014) 섬머린 (원일구 감독 - 트라이아스) - 한조국 국회의원(주인공) -
(2015) 위선자들 (김진홍 감독 - 메이 플러스) - 변호사 박창호 -
(2016) 왕을 참하다 (김재수 감독 -조은영화사) - 뱃사공(조연) -

TV / 광고
(1991) Law & Order (미국 ABC-TV) - 범인 -
(1992) Americas's Most Wanted (미국 FOX-TV) - 베트남 갱 -
(1993) The Guiding Light (미국 NBC-TV) - 바텐더 -
(1994) 영화 만들기 (MBC - TV 8.15 특집 드라마) - 매니저 -
KBS - TV 생방송 좋은 아침 '전국일주 편' 출연, KBS - TV 아침을 달린다 '문화 광장' 진행 (6개월간)
(1996-2002) 도전 지구 탐험대 (KBS-TV/아프리카 수단, 예멘, 미국, 덴마크, 페루, 인도 등)
(1996) 아무개씨의 문화 발견 (A&C-TV 코오롱)
(1997) 달타령 웃음타령 (KBS-TV 추석 특집 코미디 드라마) - 나 -
문학기행 (EBS-TV 윤정모의 나비의 꿈 편), 고향기행 (KBS-TV)
(1999) 네 꿈을 펼쳐라 (KBS-TV)
(2003) 스승과 제자 (KBS-TV)
(2004) 그리스 특집 '신화를 찾아서' (KBS-TV), 그곳에 가고 싶다 '고군산 군도' (KBS-TV)
(2005) 문화동행 (KBS-TV)
(2006) 낭독의 발견 (KBS-TV)
(2006-현재) SBS-TV 토요 특집 모닝 와이드
* '장두이의 최고의 1박 2일' 진행
* 리얼 드라마 '우리 동네 미스테리' 명탐정 출연과 진행

* '소문과 진실' 진행
* '명물따라 삼천리' 진행
* 'Old & New' 진행
* '나는 전설이다' 진행
(2008) SBS-TV 심리극장 '천인야화' 악마 편 - 의사 -
(2009) SBS-TV 대하 드라마 '자명고'(36부작) 출연 - 도찰 장군 -
(2010) 케이블 콘 TV 시트콤 드라마 '용녀는 작업중' 연출 및 출연 - 장훈 -
    MBC-TV '인생풍경 휴' 출연
(2014) KBS-TV 아침마당(7회) 출연
(2015) KBS-TV 일일드라마 '당신만이 내 사랑' 출연 - 사채 사장 -
(2016) LG 스타일러 CF (고릴라 필름 제작) - 올드맨 -

5. 수상 경력
(1972) TBC 대학 방송 경연 대회 최우수 연기상 (공해에 얽힌 사연)
(1979) 미국 OBIE 연극상 (연극 Tirai)
(1983) 미국 OBIE 연극상 (연극 The Tibetan Book of the Dead)
(1989) 미국 아시아 소수 민족 예술가상 (연극 Song of Shim Chung)
(1995) 백상예술대상 연기상 (연극 첼로)
(2003) 뉴욕 드라마 클럽 특별상 (연극 Moses Mask)
(2006) 제4회 '믿음으로 일하는 자유인 상' (연극 35년 인생)
    제24회 '한국 희곡문학 대상' (장두이 두번째 희곡집)
(2015) 2015년 재능기부 대상

6. 저서
(1983-1984) 문화 평론 '민속도' (잡지 '한국인' 게재/뉴욕)
(1985-1986) 에세이 아메리카 일루젼 (잡지 '주니어') ,문화 평론 '해와 노피곰 도드샤' (뉴욕 동아일보)
(1992) 시집 '삶의 노래'(명상출판사)
    소설 '아메리카 꿈나무'(명상출판사)
(1995-1996) 에세이 '장두이 문화 마당'(월간 에세이)
(1996) 시집 '0의 노래'(명경출판사)
    자전 에세이 '공연되지 않을 내 인생'(명경출판사)
(1998) 장두이 희곡집 (창작마을)
(2000) 장두이의 연기 실습론 (엠에스북스)
(2002) 장두이의 장면 연기 실습 (명상출판사)
(2005) 에세이집 '인생이 연극이야' (사람이 있는 풍경)
    장두이 두번째 희곡집 (창작마을)
(2006) 장두이의 한국 연기 실습론 (새로운 사람들)
    시집 'Y의 노래' (새로운 사람들)
(2009) 장두이 뉴 희곡집 (연극과 인간)
(2011) 그로토프스키 & 두이 장 (연극과 인간)
(2012) 장두이의 연극 상식 (새로운 사람들)
(2014) 입시 연기론 (창작마을)
(2015) 올 어바웃 뮤지컬 (엠에스북스)
(2016) 연기의 정석 (시그마프레스)

7. 연출 작품

(1973) 미친 벌레의 소리
(1974) 판토 마임극 '다시 0에서 0'
(1975) 마지막 테잎 이상 + 현상
(1976) 인터뷰
(1977) 감마선은 달무늬 얼룩진 금잔화에 어떤 영향을 미쳤는가
(1978) Life & Death (뉴욕 소호 비쥬얼 아트센터)
(1978) 태을성 그리고 춘향 (미국/독일)
(1980) 달하 노피곰 (뉴욕 라마마 극장)
(1982) Red Snow (뉴욕 라마마 극장)
(1983) 무용 White Garden (뉴욕 워싱턴 스퀘어 극장)
(1984-1985) 태평양 로맨스야 (뉴욕/LA/서울 동숭 아트센터 극장)
(1987) The Song of Shim Chung (뉴욕 46 플레이하우스 극장)
(1989) 서울 월광곡 (동숭아트센터 극장)
(1992) 뮤지컬 '아리랑 소묘' (뉴욕 메리마운트 극장)
(1994) 11월의 왈츠 (실험 극장)
　　　　아시나마리 (은행나무극장 개관 기념 공연)
(1995) 시간 밖의 여자들 (까망 소극장)
　　　　뮤지컬 '한 여름 밤의 피크닉' (한얼 극장)
(1996) 뮤지컬 '비탈에 선 아이들' (경산 시민회관)
(1997) 뮤지컬 '물고기가 나는 재즈 카페' (성좌 소극장)
(1998) 한 마리 새가 되어 (대구 대백예술극장)
　　　　국악 뮤지컬 '아이갸이갸 심청' (씨어터 제로)
(1999) K씨 이야기/발칙한 녀석들 (명동 창고 극장)
　　　　대구 시립 무용단 '라이프 스토리/꿈 그리기' (대구 문화예술회관 대극장)
(2000) 전미례 재즈 무용단 무용극 '누에보 카르멘' (예술의전당 토월극장)
(2001) 뱀나무 밑에 선 바나나맨의 노래 (명동 창고 극장)
(2002) 뮤지컬 '장미 향수 & 키스' (서울 교육문화회관 대극장/대구 시민회관 대극장)
　　　　뮤지컬 '잃어버린 얼굴을 찾아서' (안동 국제 가면 페스티벌 특별 공연작)
(2003) 19 & 80 (정미 소극장)
　　　　무지개가 뜨면 자살을 꿈꾸는 여자들 (알과 핵 극장)
　　　　1인 뮤지컬 '춤추는 원숭이 빨간 피터' (알과 핵 극장)
(2005) 구본숙 현대무용단 무용극 '밀알' (대구 시립문화회관 대극장)
　　　　국악 뮤지컬 '한강수야' (세종문화회관)
　　　　뮤지컬 '당나귀 그림자 재판' (국립극장 해오름)
　　　　1인 뮤지컬 '돌아온 원숭이 빨간 피터' (인켈 아트 홀 극장)
(2006) 제 1회 뉴욕 한국 연극제 개막작 '춤추는 원숭이 빨간 피터' (New York, Theater for the New
　　　　City 극장에서 공연)
　　　　뮤지컬 '당나귀 그림자 재판' (아르코 대극장/연극인 복지재단 기금 마련 공연)
　　　　댄스컬 '춤추는 파도' (포스트 극장)
　　　　신일 예술제 '반갑다 친구야' (코엑스몰 오디토리움 극장)
　　　　구본숙 현대무용단 무용극 '밀알' 2006년 공연 (대구 문화예술회관 대극장)
　　　　국악 뮤지컬 '영명 팔경가' (포천 반월 아트 홀)
　　　　장두이의 황금 연못 (대학로 극장)
(2007) Korean Shaman Chants (뉴욕 카네기 잔켈 홀)
　　　　대전 카이스트 대학 '나다센터'의 '아이 러브 뮤지컬' (카이스트 대극장)

뮤지컬 '당나귀 그림자 재판' 전북 부안 공연 (부안 문화예술회관)

댄스컬 '통일 익스프레스 러빙 유' (포스트 극장)

(2008) 뮤지컬 '19 & 80' (극단 신시 제작/예술의전당 자유 소극장) 제 20회 거창 국제 연극제 국내 초청
작 참가 (통일 익스프레스 러빙 유) 댄스컬 '성공을 넘어' - 아산의 꿈 - (이화여고 100주년 기념관)

(2009) 국악 뮤지컬 '흥부야 청산가자!' (충북 진천군 한천초등학교 강당), 립스틱 아빠/춤추는 할머니
(웰다잉 극단 창단 공연 : 정동 프란체스카 강당 및 대구, 인제, 원주 등 공연)

제 9회 포항 바다 국제 연극제 참가 (포항 문화예술회관) (1인 뮤지컬 '춤추는 원숭이 빨간 피터')

(2010) 뮤지컬 '영웅을 생각하며' (호암 탄생 100주년 기념 공연 : 교육문화회관 대극장) 행복한 죽음
(웰다잉 극단 2회 공연 : 교보빌딩 대강당 외) 국악 뮤지컬 '다문화 버무리기 쇼' (세종문화회
관 대극장)

(2011) 소풍가는 날 (SH 아트 홀)

(2012) 뮤지컬 '스크루지와 성냥팔이 소녀의 화이트 크리스마스' (경기 문화의전당 대극장) 만드라골
라 (SK 수펙스 홀)

(2013) 음악극 '나비야 저 청산에' (남산 드라마센터) 말뚝이의 노랫짓 (남이섬 제2회 국제 원맨쇼 개막작)
뮤지컬 콘서트 '거위의 꿈' (산울림 소극장)

(2014) 소풍가는 날 (김천 국제가족연극제 참가) DJ 짱 (남이섬 제3회 국제 원맨쇼)

(2014) 교육연극 '톡톡톡'〈청소년 사이버 범죄 예방극〉/'씨가'〈청소년 금연 예방극〉/'그때 그시절'〈청
소년 마약 금지 예방극〉 (전국 초, 중, 고 200여 군데 공연)

(2015) 압구정에 가면 하늘이 보인다 (압구정 예홀)

맹진사댁 경사 (서대문 문화예술회관 대극장)

압구정 18층 (압구정 예홀)

맹진사댁 경사〈성우협회 주관 낭독 공연〉 (서대문 문화예술회관 대극장)

압구정 18층 (압구정 예홀)

초코와 파이 (압구정 예홀)

(2016) 비밀에 갇힌 방 (대학로 예술극장)

재채기 사건〈성우협회 낭독공연〉 (청주 MBC 홀)

뮤지컬 '여우사냥' (광화문 아트 홀/세종국악당)